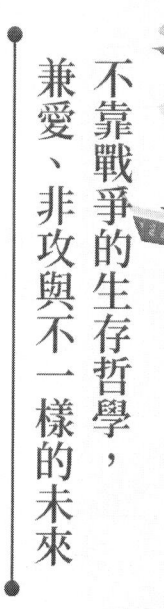

不靠戰爭的生存哲學，
兼愛、非攻與不一樣的未來

反主流聖人
墨子的真實面貌

舒大剛 著

興天下之利，除天下之害
如何「兼相愛」，如何「交相利」？
談非攻、談尚賢、談身體力行的道德勇氣
墨子教我們如何在亂世之中持守公義

目 錄

總序		005
前言		009
第一章	墨子的生平	011
第二章	墨子的著作	027
第三章	用人之道：尚賢	037
第四章	統治之本：尚同	053
第五章	處世哲學：兼愛	065
第六章	世界和平：非攻	077
第七章	生財之道：節用	089
第八章	生死觀：節葬	105

目錄

第九章　　反對耗費：非樂　　　　　　　　　117

第十章　　終極制裁：天志　　　　　　　　　127

第十一章　　崇信傳說：明鬼　　　　　　　　141

第十二章　　挑戰命運：非命　　　　　　　　157

第十三章　　義利觀念：利即義　　　　　　　167

第十四章　　立身之道：修身　　　　　　　　189

第十五章　　治國危機：七患　　　　　　　　199

附錄　　　　　　　　　　　　　　　　　　　207

總序

這是一個需要聖人並且誕生了聖人的時代。

在西元前800年至西元前200年,在地球北緯20°和北緯40°之間的地域,世界上一批思想巨星和藝術宗匠閃亮登場,他們的思想和學說照亮了歷史的天空,開啟了人類的智慧,並一直溫暖著人們的心靈。

那是一個群雄紛爭、諸邦並列的時代:在古代歐洲,是希臘、羅馬各自為政的城邦制時代;在南亞次大陸,是小國林立、諸邦互鬥的局面;在古代中國,則是從「溥天之下,莫非王土」的西周王朝,轉入了諸侯爭霸、七雄戰亂的「春秋戰國」時代。那時天下大亂,戰火連綿,強凌弱,眾暴寡,爭地以戰殺人盈野,爭城以戰殺人盈城,百姓生活在被侵襲、蹂躪和面臨死亡的威脅之中。如何才能恢復社會秩序、實現社會安定?什麼才是理想的治國安邦良策?芸芸眾生的意義何在?人類前途的命運何在?正是出於對這些現實問題的思考,一批批先知先覺誕生了,一服服治世良方出現了。人類歷史也由此進入了智慧大爆發、思想大解放的「諸子並起,百家爭鳴」時代!

在古波斯,瑣羅亞斯德(西元前628年至前551年)出現了;在古希臘,蘇格拉底(西元前469年至前399年)、柏拉圖(西元前427年至前347年)出現了;在以色列,猶太教先知們出現了;在古印度,佛陀釋迦牟尼(約西元前565年至

/ 總序

前485年）誕生了；在中國，則有管子（約西元前723年至前645年）、老子（約西元前571年至前471年）、孔子（西元前551年至前479年）、孫子（約西元前545年至約前470年）、墨子（約西元前475年至前395年）等一大批精神導師、聖人賢人橫空出世！

　　德國哲學家卡爾·雅斯培（Karl Jaspers）在1949年出版的《歷史的起源與目標》（*The Origin and Goal of History*）中，將這一時期定義為「軸心時代」，並認為，「軸心時代」思想家們提出的思想原則，塑造了不同的文化傳統，也一直影響著人類未來的生活。在希臘、以色列、中國和印度的古代文化都有著「終極關懷的覺醒」，智者們開始用理智的方法、道德的方式來面對這個世界，同時也產生了宗教和哲學，從而形成了不同類型的智慧，逐漸形成了「中國文化圈」、「佛教和印度教文化圈」、「希臘—羅馬和猶太—基督教文化圈」，決定了今天西方、印度、中國、伊斯蘭不同的文化形態。這些文化圈內人們的思想因為有了「軸心時代」思想家的智慧火花，才一次又一次地被點燃，這些文化也才一代又一代地得以傳承和發展。

　　相反，由於沒有「軸心時代」先知先覺思想的恩惠，一些古老文明也就無緣實現自己的超越與突破，如古巴比倫文化、古埃及文化、古馬雅文化，它們雖然都曾經規模宏大、盛極一時，但最終都被歷史的歲月無情地演變成文化的化石。

中華民族以其悠久的歷史和燦爛的文化屹立於世界民族之林，中華文化歷經數千年而不衰竭，以雄姿英發之勢，傲視寰宇。中華文化是「世界四大古文明」（古埃及、古巴比倫、古印度和中國）中傳承序列最明晰、文化形態最溫和、發展持續性最強的一種文化。

　　浩浩龍脈，泱泱華夏，何以能創造如此文明奇蹟？中國「軸心時代」期間的「諸子百家」、聖人賢人所做的絕妙思考和留下的精神財富，無疑就是歷代中國人獲取治國安邦之術的智慧泉源。在這一群聖人賢人之中，有德有位、立言立功、多才多藝的周公（姓姬，名旦）無疑是東方智慧大開啟的奠基者。歷五百年，隨著王室東遷、文獻流播，而有管子、老子、孔子、孫子者出。管子是用知識和理想治理社會和國家而獲得成功的第一人，是後世儒與法、道與名諸多原理的蘊蓄者；老子曾為周守藏室史，主柱下方書，善觀歷史，洞曉盛衰，得萬事無常之真諦，故倡言不爭無為，而為道家鼻祖；孫子雖言兵，然而崇仁尚智，以兵去兵，而為兵家之神聖；同時，有孔子者出，遠法堯舜之美，近述周公之禮，刪六藝以成「六經」，開學宮以授弟子，於是乎禮及庶人，學術下移，弟子三千，達徒七十有二，口誦「六經」，身行孝敬，法禮樂，倡仁義之儒家學派因而誕生！

　　自是之後，民智大開，學術鼎盛，家有智慧，人有熱忱，皆各引一端，各樹一幟，於是崇儉兼愛的墨家（以墨翟、禽滑釐為代表）、明法善斷的法家（以申不害、商鞅、韓非為代表）、循名責實的名家（以鄧析、公孫龍為代表）、務

/ 總序

耕力織的農家（以許行、陳相為代表）、清虛自守的道家（以文子、莊子為代表）、象天制歷的陰陽家（以子韋、鄒奭、鄒衍為代表），以及博採眾長的雜家（以尸佼、呂不韋為代表）、縱橫捭闔的縱橫家（以鬼穀子、蘇秦、張儀為代表），紛紛出焉，蔚為人類思想史上之大觀！

　　諸家雖然持說不同、觀點互異，但其救世務急之心則一。善於汲取各家智慧，品讀各家妙論，折中去取，必收相反相成、取長補短之效。《詩》曰：「我思古人，實獲我心！」生今之世，學古之人，非徒抒弔古之幽情、發今昔鉅變之慨嘆而已，亦猶有返本開新、鑑古知今之效云爾！

　　是為序！

前言

兩千四百多年前，一顆平民巨星從東方升起，他就是墨子。

墨子是繼孔子之後又一位偉大的思想家和道德實踐家，人們親切地稱他為「子墨子」。他懷著深深的憂患意識，奔走各國，大聲疾呼「興天下之利，除天下之害！」(《墨子‧兼愛下》)他滿懷博愛的情懷，兼愛天下，竭力主張「兼相愛，交相利」。他創立了中國思想史上內容博大的學派——墨家。如今，僅憑殘存的《墨子》一書，我們就可聆聽其在政治學、軍事學、倫理學、名辯術、科學等各個方面給予我們的教誨。

墨家不僅學問淵博，而且是捨己殉道、注重實踐的力行學派。「摩頂放踵」(《孟子‧盡心上》)，以利天下；自奉極簡，「以繩墨自矯，而備世之急」(《莊子‧天下》)。犧牲自我，一心為公。成語說「孔席不暖，墨突不黔」(出自《文子‧自然》)，正其謂也。

其學盛行於戰國之世，與儒學並稱「顯學」(《韓非子‧顯學》)；墨子亦與孔聖同稱「孔墨」。墨學深得民眾及士人的鍾愛和信從，「天下之言不歸楊，則歸墨」(見於《孟子‧滕文公下》。楊，即楊朱，為我；墨，即墨子，兼愛)。惜乎，進入秦漢之後，墨學驟然而逝。自漢迄清，兩千年間，墨學未傳承下來，墨書僅存殘編。

/ˉ 前言

　　墨家一興一衰之外因何在？學人對墨學如痴如醉的內因何在？試隨本文拙筆，聊事觀覽焉。

第一章　墨子的生平

　　墨學在秦漢之際已經衰微，故墨子事蹟在漢代已不甚了了。太史公司馬遷著《史記》，特重儒道，故對孔子及其門弟子、老莊及其後學行事，多能勾稽探微，著為專傳；卻忽略墨子，只在《史記・孟子荀卿列傳》之末，漫不經心地附帶一筆：「蓋墨翟，宋之大夫，善守禦，為節用。或曰並孔子時，或曰在其後。」寥寥二十四字，留下了許多疑問。其一，語首「蓋」者，表推測也，表明墨子事蹟已難以明確言說；其二，「墨翟」一詞，並未明言何者為名，何者為姓；其三，關於國籍，《史記》只說「宋之大夫」，未明說他的國別；其四，關於學術，只說「善守禦，為節用」，並未說他著有什麼書；其五，更令人遺憾的是，連關於墨子生活的時代，也只是含糊地說「或曰並孔子時，或曰在其後」。

　　由於當時人們普遍不重視墨子之學，一直無人認真研究司馬遷留下的諸般疑點。自此之後，除了道家（如葛洪、伊世珍）偶爾利用墨子製造幾段離奇的故事外，墨學少有人問津。直到清代中葉以及近代，才有人重新對墨子的學術產生興趣，也才有人稍稍注意到墨子生平事蹟的問題。然而，時移世易，書缺有間，其事蹟更是難於稽考了。於是，學人們各尋依據，互立異說，大多不可為據。但是，讀其書，「想見

第一章 墨子的生平

其為人」(《史記‧孔子世家》),讀墨子著作,能對墨子其人其事置於不顧乎?下面僅就筆者所知,略述有關墨子身世異說,聊博觀覽。

一、墨子姓名的糾紛

墨子身為聖人,後人連他姓甚名誰都搞不清楚,實在是件說不過去的事。可是,由於《史記》並未按例明說「墨子者姓墨名翟」,確也留給後人許多穿鑿附會的餘地。

一曰姓翟名烏,「墨」乃學術名稱。茲說始於元代道士伊世珍,見於道藏本《瑯嬛記》。伊氏引《賈氏說林》曰:「墨子姓翟名烏,其母夢日中赤烏入室,驚覺生烏,遂名之。」清人周亮工《因樹屋書影》從之:「墨子姓翟,母夢烏而生,因名之曰烏。以墨為道。今以姓為名,以墨為姓,是老子當姓老耶?」自茲說一開,好奇之士日生新端,遂使墨子姓氏大成疑問。但元代以前並無姓翟名烏之說,所謂《賈氏說林》亦係子虛烏有之書。況且製造此說者乃獵奇的道士,不可為典要。《四庫全書總目‧墨子提要》已斥其說「未足為據也」。近人汪琬《讀子卮言》(卷二)卻再申此說,以為墨子學派「日夜勤勞,面目黧黑」,因以為號。又說:「《墨子》原書多稱『子墨子』,夫稱曰『子』者,皆尊美之詞,不繫義別號,即繫於姓,然皆稱某子,斷無以『子』字加於姓之上者。若『子思

子』，上『子思』二字合為孔伋之字，下『子』字乃尊稱之詞耳。」準此之例，他認為，「子墨子」一詞，「子墨」亦當為名。顧實《漢志講疏》從之不疑。

至於說墨子「以墨為道」，又有不同取義。墨有黑色、繩墨（規矩）之義，因面目黧黑，遂以「墨」號其學術，此一說也。繩墨之義，《莊子·天下》稱墨者「不侈於後世，不靡於萬物，不暉於數度，以繩墨自矯」，「不能如此，非禹之道也，不足謂墨」，即其證。此又一說也。但是，繩墨並不足以概墨學之精髓。而況以「繩墨」自守者非僅墨氏一家，近人方授楚《墨學源流》（下卷第12頁）已指出司馬遷稱「申子卑卑，施之於名實。韓子引繩墨，切事情，明是非」（《史記·老莊申韓列傳》）和劉向謂「孫卿道守禮義，行應繩墨」，韓非子、荀子同樣以繩墨自守，卻並不以墨為稱。此外，《孫子兵法·九地篇》曰：「踐墨隨敵，以決戰事。」兵家也踐墨，但不稱墨家。是知「以墨為道」，故「以墨為學說名」之說不能成立。近人張純一更進一步說：以墨名學，非取其顏色為黑之義，「《潛夫論·讚學》曰：『禹師墨如。』是知翟祖大禹，即祖墨如，而墨稱之本著明矣」。又說：「墨者滌除玄覽分別都無之謂，稱墨翟者，猶史佚史角、醫和醫緩之類也。」墨是古來相傳的職業。此又一說。

正如下文我們要考證的那樣，墨本為姓，非學術之名。蓋因墨翟創立此學，乃有墨學之名，而不是先有墨學再有

第一章　墨子的生平

墨翟之稱。至於說以「墨」為墨子之名，證據也不足。「子思子」固然是以名（「子思」）帶尊稱（「子」），但先秦時期在姓氏前後同時綴以尊稱「子」的用法也不少見，方授楚已列舉《莊子》之稱列子為「子列子」、《荀子》之稱宋鈃為「子宋子」、《公羊傳》之稱「子沈子」、「子公羊子」、「子女子」、「子司馬子」、「子北宮子」等證據。可見，僅據「子墨子」與「子思子」（子思不稱「孔子」而稱「子思子」，是時人欲與其祖孔子相區別）稱法相同，遂謂「子墨」為名，顯然是靠不住的。

　　二曰「墨翟」非姓非名，而是「蠻狄」或「黑狄」之意。茲說旨在說明墨子是外國人，非中國「土產」。胡懷琛〈墨翟為印度人辨〉（載《東方雜誌》225卷8號）一文，在承認汪琬「墨字非姓」之說的基礎上，進而說「墨固非姓，翟亦非姓，翟更非名」，認為「『翟』即『狄』也，古多通用」，又說「『墨』亦疑為『貊』之轉音，或『蠻』之轉音」，「『墨翟』即『貊狄』或『蠻狄』」，「對於不知姓名之外國人，遂以此稱之也，如晉宋時之胡僧、天竺僧，今日之洋鬼子、外國人，皆是也」。此一說。胡氏又進一步說：「不然，謂墨翟係指其面目黧黑而言，亦無不可，墨翟者，黑翟也。」此又一說。胡氏之說新奇辯點尤甚，且亦有證有據。除了胡氏所舉許多「翟」、「狄」相通的例證外，方授楚又指出陶弘景《真誥‧稽神樞》「墨狄子服金丹而告終」一例，墨翟正作墨狄。此外，葛洪《神仙傳》說墨翟「乃入周狄山」。又《元和姓纂》說墨子為孤竹國後，孤

一、墨子姓名的糾紛

竹國即狄國。可見墨子確與狄族有關。但是這最多可證明墨翟是狄族後裔,不能否認墨子姓墨名翟的事實,也不能說明墨子是外國人(或印度人)。孤竹國雖是狄國,但很早就是殷商北方諸侯,最終也與華夏相融合。

三曰「墨」非姓,因其人曾受墨刑,故以為稱。此說以錢穆《墨子》(《百科小叢書》本)發其端,馮友蘭《中國哲學史》(上冊)成其說。錢穆謂「墨乃古代刑名之一」,墨刑,即黥刑,在面頰上刺字,並塗上黑色。錢穆曰:「古人犯輕刑,往往罰作奴隸苦工」,「故知墨為刑徒,轉辭言之,便為奴役。墨家生活菲薄,其道以自苦為極,故遂被稱為墨子」。(《墨子·墨子傳略》)馮友蘭又說:「墨子所主張者,為『賤人之所為』,此其所以見稱為墨道也。」〔《中國哲學史》(上冊),第111頁〕誠然,如錢、馮二人所云,墨子學術所主以力行自苦為極則。孟子說墨子「摩頂放踵利天下,為之」(《孟子·盡心上》),莊子稱墨子「日夜不休,以自苦為極」(《莊子·天下》);墨子也自稱為「賤人」、「鄙人」。古代也有因受刑而改姓的現象,如錢穆舉的漢初英布因受黥刑(即墨刑)而「改姓『黥』,以厭勝當之」(《史記·黥布列傳》索引)的例子。但是,從現有資料看,只有墨子為賤民、主苦行的記載,無一言半語說墨子曾受墨刑,更無受刑改姓之說。然則,是說雖新奇可喜,但並無直接證據,僅屬猜測。

四曰墨翟者姓墨名翟。《漢書·藝文志》著錄《墨子》

第一章　墨子的生平

七十一篇，班固注：「名翟，宋大夫，在孔子後。」雖不明注「墨」為姓，但據《漢書·藝文志》著錄通例：凡子學書名，皆以姓加「子」字或以姓名加「子」字而成。此乃當時通行之例，故班固僅著其名而略其姓氏說明。孟子稱墨氏，又以楊、墨並舉；諸子書常稱孔、墨；《墨子》本書他稱稱「子墨子」，自稱稱「翟」，可見墨為姓、翟為名無疑。唯《文選》孔稚圭〈北山移文〉稱翟子，以翟名帶子為稱；《抱朴子·外篇·名實》稱班、墨，將墨姓與公輸般名同舉，是個例。高誘《呂氏春秋·當染》注謂：「墨子名翟，魯人，作書七十一篇。」唐修《元和姓纂》更明確說：「墨氏，孤竹君之後，本墨台氏，後改為墨氏，戰國時宋人。墨翟著書號《墨子》。」（《通志·氏族略》引）又《北周書·怡峰傳》謂：「本姓默台，避難改焉。」宋濂《文憲集》卷七〈贈馬氏複姓序〉：「逢時多故，而詭姓遁身者乎。古之人有墨胎氏，避難而改為墨，又為怡。怡氏名寬者，有重名於時。」「默」與「墨」通，「胎」與「台、怡」通。可見墨台氏之後確因避難，有改分為墨、怡二姓者。

以上四說，只有「姓墨名翟」之說是可信的。歷考先秦古籍，「墨翟」一詞多作姓名來使用。《莊子·天下》稱「墨翟、禽滑釐聞其風而說之」。禽滑釐，成玄英疏以為「姓禽，名滑釐，墨子弟子也」；又《墨子》書中多稱「子禽子」、「禽子」，「禽」顯然是姓。「禽滑釐」既是兼姓與名，則同舉之「墨翟」，亦當同此例。《呂氏春秋·博志》之稱「孔丘、墨翟晝日諷誦」，孔丘

既是孔姓丘名,則墨翟亦應墨姓翟名。又同書〈高義〉他稱作「子墨子」,引墨子語則稱「翟」;《藝文類聚》引《墨子》佚文「禽子問天地孰仁,墨子曰:『翟以地為仁』」云云,則是他稱稱姓、自稱稱名的慣例。故此說最為樸實,從者亦多。

二、墨子籍貫之謎

墨子的籍貫,古代有魯人、宋人、楚人三說,近代又有印度人、阿拉伯人之說。

魯人說,本於高誘《呂氏春秋·當染》注。孫詒讓、張純一、方授楚力主此說。孫氏〈墨子後語·墨子傳略〉(附《墨子閒詁》)謂:「以本書考之,似當以魯人為是。」自注謂:《墨子》、《淮南子》二書,言墨子至齊、至楚,皆自魯國出發;越王以五十乘迎墨子,亦往迎於魯。可見墨子實居於魯。墨子見楚王,自稱為「北方之鄙人」;《渚宮舊事》稱墨子為「北方之賢聖人」。可見其不是楚人,也不是宋人。張純一〈墨子魯人說〉(附《墨子集解》)重申此說,更舉出《墨子》書中稱莒在東、齊在北,皆以魯為中點;又多載魯君與墨子問答之語及魯國之事,見其於魯事特詳;特別是〈備梯〉載:「禽滑釐子事子墨子三年,手足胼胝,面目黧黑,役身給使,不敢問欲。子墨子甚哀之,乃管酒塊脯,寄於太山,昧葇坐之,以樵禽子。」太山,即泰山,是魯北境之山。所有這些事實

第一章　墨子的生平

表明,墨子居魯似無疑問。今人張知寒等學人又詳細考訂,認為墨子就是與魯國相鄰的小邾國(地在今山東滕州境,後併於魯)人。

宋人說,《史記・孟子荀卿列傳》只說墨子是「宋大夫」,未言其籍貫。至晉葛洪《神仙傳》始直接說墨子為「宋人」,《文選・長笛賦》李賢注引《抱朴子》同。後之主是說者,尚有《荀子・修身》楊注、《元和姓纂》等書。《漢書・藝文志》、《隋書・經籍志》、鄭樵《通志・藝文略》、陳振孫《直齋書錄解題》作「宋大夫」;《宋史・藝文志》、晁公武《郡齋讀書志》作宋人。但它們都未有任何證據,故前人多不之信。至今人陳奇猷〈墨子的科學〉(載《中華文史論叢》1963年第四輯)一文重申此說,認為「墨子實是宋人而非魯人。其理由有二:「第一,《墨子》書中多用宋方言」;「其次,司馬遷雖不言墨子是何許人,但謂其為宋大夫,古者大夫多由世襲,墨子之為宋大夫,很可能由於世襲。既是世襲為宋大夫,自必是宋人無疑」。關於宋方言,陳先生舉出用「劉」為「殺」一例,揚雄《方言》曰:「秦、晉、宋、衛之間謂殺曰劉。」但為例太少,不足為證。況且墨學多有秦人(詳下),安知這個「劉」字不是後學有秦人者摻入。至於翟為宋大夫必為世襲大夫一證,則更蒼白無力,難道忘記了墨子自稱「北方之鄙人」,楚人譏他為「賤人」之事?《呂氏春秋・博志》說:「孔、墨、甯越,皆布衣之士也。」哪裡有「世襲大夫」的影子?況且《墨子・

公輸》記：墨子止楚攻宋之後，過宋，正逢下雨，庇於閭中，守閭者不讓墨子入內。倘若墨子是宋人或世襲宋大夫，豈有入閭不得之理？按：《墨子‧魯問》說「墨子仕曹公子於宋，三年而反，睹墨子曰」，曹公子仕宋，反睹墨子，可見墨子不在宋國甚明。《史記》說他為「宋大夫」，當是止攻以後的事情。

楚人說，見於清人畢沅〈墨子注序〉、武億《授堂文鈔‧墨子跋》。畢謂：「高誘注《呂氏春秋》，以為魯人，則是楚魯陽，漢南陽縣，在魯山之陽。本書有魯陽文君問答，又亟稱楚四境，非魯衛之魯。」武說略同。但是如前所引，墨子對楚王自稱「北方之鄙人」，魯陽文君亦稱之為「北方之賢聖人」，顯非楚人，毋庸多辯。

印度人說和阿拉伯人說，是近代隨著疑古之風盛行所產生的新說。其代表人物是胡懷琛、金祖同、衛聚賢等，胡氏有〈墨子為印度人辨〉，金氏有〈墨子為回教徒考〉（衛聚賢收入《古史研究》第二集）。其中以胡氏印度人說附會最深，也最有趣。胡氏〈墨子為印度人辨〉，首先從名字上考察說：「墨翟者，墨狄也。因其面黑或衣墨而稱『墨』，因外國人而稱狄。」墨翟既為外國人，那麼墨子究竟為哪國人呢？胡氏回答說：「在當時，捨印度無他國。故疑墨子為印度人。假定因面目黧黑而稱墨翟，則印度人本為棕色，在當時人視之，宜乎其為墨也；假定因衣墨而稱墨翟，則僧衣緇衣，緇亦黑色。

第一章　墨子的生平

後世尚有『緇流』之稱，宜乎當時有墨翟之號也。」繼而胡氏又從學術上考察說：「『兼愛』、『節用』，佛學也；『天志』、『明鬼』，佛教也；『名學』，『因名』也。」以為墨子兼愛、節用的社會學，天志、明鬼的宗教學，以及墨經中的邏輯思辨，都與印度佛教相同，甚至就是佛學的翻版。

　　此外，胡氏還從《孟子》對墨子「無父」的謾罵和「摩頂放踵利天下」的描述中找到了證據：認為「無父即出家」，「摩頂」即禿頂，「放踵」即赤腳，都是出家當和尚的情形。如此看來，墨子的印度人身分可以論定了。但是，墨翟與黑狄，純屬文字音義的巧合，即便如胡氏所說墨翟稱名表明墨子出生狄族，也只是北狄孤竹故國之印記，與遠在天邊的印度並沒有牽連。至於說墨學與佛學有許多相通之處，在胡氏之前的梁啟超、章太炎諸先生，俱已注意到了，並常常將墨、佛做比較研究。但是學說的暗合在學術史上並非僅此一例，況且墨學還與基督教、伊斯蘭教相通甚多，張純一《墨子集解》附錄〈墨學與景教〉（景教即基督教），排比羅列甚豐。試問能說墨學為基督乎？（衛聚賢諸人正是不達此理，遂謂墨子為阿拉伯人，其誤與胡氏正同）對此，方授楚當年曾與之反覆論戰，至今已無深究之必要。有興趣者，可參詳方氏《墨學源流》下卷。

三、墨子生卒疑年

關於墨子的生活年代,《史記》已執模稜兩可之說:「或曰並孔子時,或曰在其後。」

劉向第一個提出「在七十子之後」的明確時限,所著《別錄》說:「《墨子》書有文子,文子即子夏之弟子,問於墨子。如此,則墨子在七十子之後也。」(《史記索隱》引)

但是文子其人,不見於今傳《墨子》五十三篇之中,墨書本七十一篇,佚篇中也許載有文子其人。清儒孫詒讓認為「文子」是「禽子」的壞字。禽子即禽滑釐,是墨派大弟子,從墨子問業,屢見於《墨子》,《莊子·天下》亦將墨翟、禽滑釐同舉。《史記·儒林列傳》說孔子卒後,「子夏居西河,子貢終於齊。如田子方、段干木、吳起、禽滑釐之屬,皆受業子夏之倫,為王者師」。可見,禽滑釐曾是儒門弟子,從子夏問業,後來才改習墨術。此外,今傳《墨子·耕柱》又有「子夏之徒問於子墨子」的記載。即使《別錄》所說「文子」不是「禽子」之訛,而「子夏之徒」(如禽滑釐)曾有人棄儒從墨者,卻是事實。

只不過門人改習別業的事發生於子夏生時的可能性不大,當在子夏既卒之後。從《墨子》書和《莊子》書看,禽滑釐與墨子年輩相當,是墨子首席弟子。可知,墨子當略與孔門弟子同時或稍後。司馬遷「或曰並孔子時」失之過早,而劉

第一章　墨子的生平

向「在七十子之後」之說又太晚。班固《漢書·藝文志》取「在孔子後」說，大致不誤。

張衡又說「墨子並當子思時，出仲尼後也」(《後漢書·張衡傳》注)，當有依據。子思即孔伋，生於西元前483年，卒於西元前402年。將墨子置於孔子孫輩之時，基本是可靠的。

至於墨子生卒年代，前人多據《墨子》書中涉及時事有所推定：

汪中推定「墨子實與楚惠王(西元前488年至前432年在位)同時」(《述學·內篇三·墨子序》)，生活於越王勾踐稱霸之後、三家分晉和田氏代齊之前，時為春秋末年，墨子可能還見過孔子。

畢沅認為墨子活到了中山滅國之時(西元前295年)，至周末猶存，是「六國時人」(〈墨子注序〉)。

孫詒讓將《墨子》書中所涉的時事依年列表，自西元前468年至西元前378年。他認為墨子生於孔子卒(西元前479年)後十餘年，死於周安王末年，約當西元前468年至西元前376年之間(〈墨子年表〉，附《閒詁》後)。

胡適《中國哲學史大綱》又認為，墨子當生於孔子卒前二十年，卒於吳起死(西元前482年)前四十年，為西元前489年至西元前421年。

三、墨子生卒疑年

梁啟超〈墨子年代考〉不同意胡適的意見,認為墨子生年約如孫詒讓說,在孔子卒後十餘年;卒年則在周安王中葉,當孟子生(西元前 372 年)前十餘年,不及見吳起之死,年代為西元前 469 年至西元前 382 年(《墨子學案》附二)。

錢穆之說大概同梁,定在西元前 479 年(或西元前 469 年)至西元前 384 年。

畢沅的依據是傳本《墨子·非攻中》「中山諸國亡於燕代胡貉之間」一語。孫詒讓已指出「中山」「舊本作『且不著何』(不徒何)」,作「中山」乃明代人妄改。畢氏所據推斷年代的資料不可靠,其他諸人多根據《墨子》書中所論及的春秋戰國時事。不過,史事有可能被後人竄改。故梁啟超專以與墨子所交接的歷史人物做參考,比較可靠,所得結論也比較可信。

我們認為,畢說失之太晚,汪、胡說則失之過早,孫說大致不誤,而以梁氏、錢氏之說較縝密。綜合諸家之說,墨子生活時代應在西元前 469 年至西元前 382 年。張衡說墨子當子思之時,墨子與之年輩相當,生於春秋末年,但主要活動則在戰國時期。西漢緯書《春秋元命包》載公輸般與墨子事入春秋時期,張衡糾正說「事見戰國,非春秋時也」(《後漢書·張衡傳》)是很有道理的。

四、墨子傳略

根據以上考訂，我們大致可以為墨子補寫一個小傳：

墨子，名翟，姓墨氏，魯國人，孤竹君墨台氏之後。他生於春秋末年，在孔子之後，與七十子相及，而與子思（西元前 483 年至前 402 年）同時；活動於戰國初年，至西元前 381 年已卒。

春秋時期，齊桓公北伐山戎、刜令支，斬孤竹而還，孤竹遺民有隨軍而南者，墨子即其後裔。墨子少時貧賤，曾自稱「北方之鄙人」（《呂氏春秋·愛類》），又被稱作「布衣之士」（《呂氏春秋·博志》）和「賤人」（《渚宮舊事》）。王充說：「孔墨祖愚，丘翟聖賢。」（《論衡·自紀》）就墨子近世祖先而論，確實如此。魯惠公（西元前 768 年至前 723 年）時，請郊廟之禮於周室，平王遣史角往，其後人有在魯者，墨子曾從之問學。墨翟世居於魯，早年曾學於儒者，習孔子之術，道堯、舜、大禹之德業，明於「六經」。其因不滿儒家禮學之煩擾、厚葬靡財，故背棄儒者之教，而以世傳樸質、勤儉的東夷之教為宗。墨子宣揚兼愛、非攻；尚賢、尚同；節用、節葬、非樂；天志、明鬼，而以兼愛為核心，節用、尚賢為支點。

其為人務「不侈於後世，不靡於萬物，不暉於數度，以繩墨自矯，而備世之急」（《莊子·天下》），不求名、不求

利、不違時、不亂法,以救世為務。為傳道救世,墨子席不暇暖,居無寧日;短葛麻履,以自苦為極。縱然「摩頂放踵利天下」(《孟子‧盡心上》),他也在所不惜。他上說「王公大人」,下教「匹夫徒步之士」,幾幾「遍從人而說之」(《墨子‧公孟》)。《莊子‧天下》稱讚說:「墨子真天下之好也!將求之不得也,雖枯槁不捨也。才士也夫!」

墨子以魯為活動中心,蹤跡所至,東至齊,西至鄭、衛,南遊於楚、越。楚惠王(西元前488年至前432年)時,公輸般為楚造雲梯,將以攻宋,墨子聞之,使禽滑釐等弟子三百人守於宋城。自己自魯赴楚,百舍重繭,裂裳裹足,十日十夜乃至於楚。他與公輸般於楚王前論戰,公輸九設攻城之機變,墨子九拒之。公輸之攻技已拙,而墨子之守圉有餘。楚遂止不攻宋。他又曾獻書於楚惠王,惠王稱善,而不能用;與楚魯陽文君善,魯陽文君贊墨子為「北方之賢聖人」。楚王曾欲以「書社之地五百里封之」,墨子慮楚王不行其道,遂「不受而去」(《渚宮舊事》卷二)。墨子又曾派弟子公尚過遊宦於越,越王大悅,使公尚過迎墨子於魯,將「裂故吳之地五百里封之」。墨子亦因越王不能奉行其學而辭之(參見《墨子‧魯問》、《呂氏春秋‧高義》)。其貴義輕祿有如此者!

墨子曾仕宋為大夫,宋君信司城子罕之譖而囚墨子(《史記‧鄒陽傳》);又曾至齊見太王,說以「非攻」(《墨子‧魯

第一章　墨子的生平

問》)之義;至衛,說公良桓子以「節用」、「養士」(《墨子·貴義》)。其汲汲以行道救世有如此者!

墨子有《墨子》七十一篇傳世,今存五十三篇。《抱朴子·內篇·遐覽》載有《墨子五行記》,阮孝緒《七錄》有《墨子枕中五行要記》一卷、《五行變化墨子》五卷。孫詒讓曰:「墨子法宗禹,與黃老不同術,晉宋以後,神仙家妄撰墨子為地仙之說,於是墨與道乃合為一。」故此二書皆不可信。

墨子在世時,親從弟子數百人,而以禽滑釐最有名。其後徒屬「充滿天下」(《呂氏春秋·尊師》),以其學術「顯榮於天下者不可勝數」(《呂氏春秋·當染》),墨學遂與儒學並稱「顯學」(《韓非子·顯學》)。

第二章　墨子的著作

一、《墨子》的流傳

墨翟的生平和思想資料，主要集中於《墨子》一書中。《墨子》一書，西漢時經劉向整理，定為七十一篇。劉歆作《七略》，將《墨子》分別著錄在「墨家」和「兵家」(其中〈備城門〉以下言城守事入「兵技巧」)。班固《漢書·藝文志》「墨家」著錄《墨子》七十一篇，尚完好無缺。三國高誘注《呂氏春秋》作「七十二篇」，宋晁公武《郡齋讀書志》亦謂「著書七十二篇」。有人說「二」為「一」字之誤，但不能說自三國至宋人皆同誤一字，畢沅懷疑是七十一篇加目錄一卷，合為七十二篇，甚是。

又有以卷稱者，始於南朝梁庾仲容《子鈔》，作「《墨子》十六卷」。高似孫《子略》、馬總《意林》同。《隋書·經籍志》著錄：「《墨子》十五卷，目一卷。」是十六卷者，內含目錄一卷。《舊唐書·經籍志》、《新唐書·藝文志》、《崇文總目》、《郡齋讀書志》、《文獻通考·經籍考》、《玉海》、《宋史·藝文志》作「十五卷」，乃不數其目錄。

又有作三卷者。宋鄭樵《通志·志文略》著錄《墨子》

第二章　墨子的著作

十五卷後，謂「又三卷，樂臺注。《唐志》無，當考」。明焦竑《國史經籍志》亦著錄「又三卷，樂臺注」。孫詒讓說鄭、焦二書多存虛目，有書與否，不可為據。其實三卷本陳振孫《直齋書錄解題》亦著錄，謂：「《墨子》三卷，宋大夫墨翟撰」，「《漢志》七十一篇。《(中興)館閣書目》有十五卷六十一篇者，多訛脫不相聯屬。又二本，止存十三篇者，當是此本也。」可見，三卷本見於《中興館閣書目》，後來明宋濂《諸子辨》所錄亦是三卷。知鄭、焦之錄不誣。只是樂臺注已佚，無以質定其面目了。

《墨子》一書自南朝以後，已逐漸散佚。庾仲容、《隋書·經籍志》所錄，只作十六卷（或十五卷），篇數不詳，唐楊倞注《荀子·修身》「術順墨」注：「墨子著書三十五篇。」盧文弨認為「當是五十五之訛」，孫詒讓疑為「五十三」之倒。若為五十三，正與今本相同。無論是三十五，或是五十五，還是五十三，在唐代時《墨子》已非全本，則可肯定。又考南朝梁庾仲容《子鈔》始作十六卷，隋、唐、宋諸志並同，可見隋、唐、宋三代傳本即梁傳本。陳振孫《直齋書錄解題》說：「《(中興)館閣書目》有十五卷六十一篇者，多訛脫不相聯屬。」王應麟《玉海》引《書目》謂：「《墨子》十五卷，自〈親士〉至〈雜守〉為六十一篇（亡九篇）。」按：《書目》即《中興館閣書目》，為南宋國家館藏目錄。又：〈親士〉即《墨子》第一篇，〈雜守〉為最後一篇，宋代時《墨子》首尾俱存，與今

一、《墨子》的流傳

本同,唯其中佚十篇(王氏說九篇,當為十之誤字),今則又缺八篇。宋之十五卷六十一篇本,即南朝梁時十五卷本。然則其書之亡,又不始於唐矣。

陳振孫引《中興館閣書目》說:「又二本,止存十三篇者。」此即陳氏《直齋書錄解題》著錄的「《墨子》三卷」本。王應麟引《中興館閣書目》說:「一本自〈親士〉至〈上同〉,凡十三篇。」〈上同〉,即〈尚同〉,從首篇〈親士〉至〈尚同下〉正為十三篇,恰為今傳本的前十三篇,顯為原本《墨子》前部分散佚出者。此本至明猶存,不特焦竑《國史經籍志》有載,宋濂《諸子辨》亦有詳細考述:

《墨子》三卷,戰國宋大夫墨翟撰。上卷〈親士〉、〈修身〉、〈所染〉、〈法儀〉、〈七患〉、〈辭過〉、〈三辨〉七篇,號曰「經」;中卷〈尚賢〉三篇;下卷〈尚同〉三篇,號曰「論」。共十三篇。

這就是《中興館閣書目》等著錄的別本《墨子》。又孫詒讓引宋黃震《黃氏日鈔‧讀諸子》謂:「墨子之書二,其後以論稱者多衍復,其前以經稱者善文法。」又引吳師道《戰國策校注》五引〈兼愛〉中篇「楚靈王好士細腰」語謂:「今按《墨子》三卷中無此文,三卷者,別本也。古《墨子》篇數不止此。」可見,博學如陳師道、黃震、宋濂,都只看到十三篇三卷本《墨子》。正因為常人不易看到《中興館閣書目》所載六十一篇本,故宋代書賈得以將〈親士〉至〈三辨〉題為

第二章　墨子的著作

「經」,將〈尚賢〉、〈尚同〉六篇題為「論」,以欺世人。黃震只指出偽題「經」、「論」文字的變化,而不知其為偽題。可見宋、明人已不知道《墨子》書中何者為「經」了,否則是不會出現這種題署的。但是十五卷本並未亡佚,後編《道藏》,即收錄《墨子》十五卷。〔畢沅說:「(藏本)缺宋諱字,知即宋本。」〕今傳本即從《道藏》中錄出刊刻。

藏本和今傳通行本《墨子》共缺十八篇,其中八篇存目,另十篇連篇目亦不存。前云宋以前已佚十篇,其餘八篇,洪頤煊《讀書叢錄》說:「無題十篇,宋本已闕,有題八篇,闕文在宋本以後。」孫詒讓曰:「《道藏》本即從宋本出,有題八篇,宋本已闕。」照孫詒讓所說,有題八篇宋本已缺,不確。《中興館閣書目》、陳振孫《直齋書錄解題》以及王應麟《玉海》俱言當時存六十一篇,只亡十篇,並未說有題八篇亡佚之事。這說明其篇當時俱存,並無亡佚。宋所亡《墨子》十篇,即〈城守〉中今缺的九篇和〈城守〉前一篇。有題八篇,皆各備上、中、下(或上、下)三篇,可能因內容與存篇完全相同,故省之。非內容全無可考也。

明代宋濂說:「考《漢志》七十一篇,《中興館閣書目》則六十一篇,已亡〈節用〉、〈節葬〉、〈明鬼〉、〈非樂〉、〈非儒〉等十篇。」其認為宋本所缺十篇,乃〈節用〉、〈節葬〉、〈明鬼〉、〈非樂〉、〈非儒〉,並非〈城守〉中失題的十篇。不過,既然宋濂只看到三卷本的十三篇,並沒看過宋時六十一篇

一、《墨子》的流傳

本,那麼他憑什麼做出這一判斷呢?況且,宋濂所列〈節用〉等十篇,不知所列舉的五題文字是宋本全亡呢,還是未全亡?若全亡,前四題各三篇,後一題二篇,共為十四篇;若未全亡,當如今篇數,五題中僅佚八篇,俱不得說「十篇」。可見,宋濂之說實不可靠。蓋宋氏只見〈親士〉至〈尚同〉十三篇,又習聞「亡十篇」之說,遂以〈尚同〉以下俱亡,以當「十篇」之數。其實,宋氏既未看到六十一篇本,也沒細讀王應麟的記載,遂作想當然之辭。

又〈備城門〉諸篇,杜佑《通典・兵典》言守拒法,未引《墨子》〈備城門〉諸篇,似乎唐時其書已經不具。但王應麟又指出,李賢《後漢書注》引《墨子・備突》(今本有),孔穎達《毛詩正義》引《墨子・備禦》(今本無)。今按見於五洲同文字《後漢書》卷104下和《詩經・大雅・皇矣》疏。畢沅又指出《太平御覽》引有〈備禦法〉。孫詒讓又指出:「李筌《太白陰經・守城具篇》稱:『禽滑釐問墨翟守城之具,墨翟答以六十六事。』即指(〈備城門〉)以下數篇言之。」由此看,似乎〈城守〉各篇唐時並未亡佚;然則其中九篇亡於何時,已不可考。

今傳《墨子》的早期刻本,是明嘉靖三十二年(西元1553年)癸丑刊本,十五卷本五十三篇,保留了宋十五卷本面貌,最為善本(民國八年商務印書館輯刊《四部叢刊》即用此本)。又三卷本亦有明正德元年(西元1506年)丙寅俞弁抄

本，篇目與宋濂所見同。又明萬曆中周子義輯刻《子彙》，內有《墨子》一卷，多缺篇，不足據。

二、《墨子》的篇目與分類

今傳《墨子》五十三篇，舊史書目著錄雖題為「墨翟著」，其實未必盡出墨翟之手，有的甚至還不是成於墨子時代。清儒畢沅、孫詒讓等學者作墨書校理時，常常涉及各篇著者問題，許多推測和結論都是足以參考的。但對《墨子》全書做出通盤考察、決定著作先後的，當首推胡適《中國哲學史大綱》。胡氏將墨書分為五類，大致歸納為墨子自著、墨子所說弟子所記、墨子弟子所記墨子言行雜事、墨家後學所著、其他學派偽託。其後梁啟超、馮友蘭、郭沫若等人也都各有考證。綜觀諸說，大都在胡適之說基礎上略事增減。

一般都將《墨子》五十三篇分為五組：

第一組從〈親士〉到〈三辯〉，這七篇可能是墨子早期著作，其前三篇摻有儒家理論，梁啟超斷為「非墨家言，純出偽託，不可讀」。墨子早年「習儒者之業，受孔子之術」，因此不能排除這是墨子早年所作的可能，它們同樣可以作為研究墨子思想的寶貴資料。後四篇多尚賢、尚同、天志、節用、非樂理論，有提綱挈領的作用。

二、《墨子》的篇目與分類

第二組從〈尚賢上〉到〈非儒下〉，共二十四篇，系統反映了墨子「尚賢」、「尚同」、「兼愛」、「非攻」、「節用」、「節葬」、「非樂」、「天志」、「明鬼」、「非命」十大政綱，篇目多分上、中、下（〈非儒〉分上、下兩篇）。這些文章多是墨子所說由其弟子所記，系統地保留了墨子的思想，是研究墨子的主要資料。

第三組〈經上〉至〈小取〉六篇，專說名辯和科學技術問題，古代稱為《墨辯》。前人認為此六篇是墨子自著，現一般認為是後期墨家所作，是研究墨家「科學成就」的寶貴資料。

第四組〈耕柱〉至〈公輸〉五篇，為墨子弟子記載墨子言行的篇章，體裁似《論語》，似是其弟子的隨手記錄，比較原始，是研究墨子事蹟比較集中的資料。

第五組從〈備城門〉以下至最後一篇〈雜守〉，共十一篇（不包括已缺的九篇），專講守城技巧和城防制度，是墨子之後得傳其兵法的「秦墨」所作，是研究墨家軍事學術的史料。

第一組：

〈親士〉

〈修身〉

〈所染〉

（此三篇講尚賢、修身和教育問題，論點多與儒學合。）

〈法儀〉

033

第二章 墨子的著作

〈七患〉

〈辭過〉

〈三辯〉

(此四篇為墨學大綱,〈法儀〉講天志,〈七患〉講政治及重視農本,〈辭過〉講節用,〈三辯〉講非樂。)

第二組:

〈尚賢〉(上、中、下)

〈尚同〉(上、中、下)

〈兼愛〉(上、中、下)

〈非攻〉(上、中、下)

〈節用〉(上、中)

〈節葬〉(下)

〈天志〉(上、中、下)

〈明鬼〉(下)

〈非樂〉(上)

〈非命〉(上、中、下)

〈非儒〉(下)

〔以上各篇系統論述墨子「十大政綱」,各分上、中、下(〈非儒〉分上、下)。前賢以為三墨所傳不同,故分三篇,非也。當是先秦時期墨書的三種不同版本,大同小異,但互有

二、《墨子》的篇目與分類

詳略,可以互補,故漢人將它們編在一起。其中散佚者,或與所存篇目完全相同,故省之。篇中多有「子墨子曰」字樣,疑為墨子所說,由其弟子所記。〈非儒〉篇無「子墨子曰」,故前人多疑其非墨子語。〕

第三組:

〈經〉(上、下)

〈經說〉(上、下)

〈大取〉

〈小取〉

(〈經〉二篇,前人疑為墨子自著;〈經說〉二篇為後學所作,解釋經文。〈大取〉、〈小取〉為後期墨家作品。)

第四組:

〈耕柱〉

〈貴義〉

〈公孟〉

〈魯問〉

〈公輸〉

(此五篇記墨子事蹟甚多,與《論語》體裁相同,可能是關於墨子資料最原始的紀錄。)

第五組：

〈備城門〉

〈備高臨〉

〈備梯〉

〈備水〉

〈備突〉

〈備穴〉

〈備蛾傅〉

〈迎敵祠〉

〈旗幟〉

〈號令〉

〈雜守〉

（託禽滑釐問子墨子城守之法，實為「秦墨」所作。）

《墨子》一書是一部很特別的書，包括政治、軍事、哲學、倫理、邏輯、科學等各方面，內容詳贍，在先秦諸子著作中，沒有一家能與之媲美。此外，《墨子》書中廣引《詩》、《書》、《春秋》，肆言古事，許多引文可以校正傳世的儒家經典；其所稱道的古言古行，又保留了大量古史資料，對研究上古歷史和學術史亦彌足珍貴。

第三章　用人之道：尚賢

　　政治問題，實際上是人管理人的問題。用什麼樣的人來管理社會，是所有政治家都無法迴避的首要問題。中國歷史上曾出現過（或經歷過）幾種用人制度：三皇五帝時期的「選賢與能」、殷周時期的「世卿世祿」、秦漢時期的「察舉徵辟」、魏晉時期的「九品中正」、隋唐以降的「科舉考試」，以及非常時期的「唯才是舉」。幾乎每一種制度都有輝煌和缺陷，比較言之，只有「選賢與能」和「唯才是舉」是比較公平合理的辦法。

　　在中國歷史上，第一個提出「唯才是舉」口號的思想家是墨子。他說：

　　故古者聖王之為政，列德而尚賢。雖在農與工肆之人，有能則舉之，高予之爵，重予之祿，任之以事，斷予之令！（《墨子・尚賢上》）

　　社會的管理機構，甚至政權系統，向一切有才能的人敞開：

　　故官無常貴而民無終賤。有能則舉之，無能則下之。舉公義，辟私怨。（《墨子・尚賢上》）

　　無能的世族貴官都將在這種「辟私怨」的選任中失去過去世享的優勢；一切有才華的「農與工肆之人」，則將在「舉公義」的任命中獲得一展才能的機會。

第三章　用人之道：尚賢

一、尚賢為政之本

墨子尚賢，有兩句名言：

尚賢為政之本！

歸（饋）國寶不若獻賢而進士。

墨子把尚賢擺在政本、國寶的地位。

什麼是政治之本，是武器、常備軍，是金錢、糧食，還是高牆深池？……也許做出以上選擇的政治家不在少數。墨子卻說：「尚賢為政之本！」（《墨子·尚賢中》）這與所謂的「王公大人」大異其趣。

今傳《墨子》中的〈親士〉和〈尚賢〉（上、中、下）篇談尚賢問題。〈親士〉是《墨子》全書的第一篇，無論是出於墨子本人的安排，還是出於墨家後學的編纂，都表明墨家學派對士人的重視。〈親士〉開篇即說：

入國而不存其士，則亡國矣。見賢而不急，則緩其君矣。非賢無急，非士無以慮國。緩賢忘士，而能以其國存者，未曾有也！

士即「士、農、工、商」之「士」，居「四民」之首，是古代社會的知識階層，是賢才麕（ㄑㄩㄣˊ）聚之處。如果一個國家的統治者不能存恤士人、尊重知識、愛惜人才，那麼他的政權就要倒臺了。道理很簡單：國君若見賢不愛，賢者也

就視其君如路人,就不會與國君同呼吸、共命運;沒有賢人共赴國難,沒有才士共計國是,要想長保國祚,從古至今也不曾有過。這是從正面警醒統治者。

在《墨子·尚賢》的開篇,墨子又從反面重申此論,他說:

今者王公大人為政於國家者,皆欲國家之富,人民之眾,刑政之治,然而不得富而得貧,不得眾而得寡,不得治而得亂,則是本失其所欲,得其所惡,是其故何也?子墨子言曰:是在王公大人為政於國家者,不能以尚賢事能為政也,是故國有賢良之士眾,則國家之治厚;賢良之士寡,則國家之治薄。故大人之務,將在於眾賢而已。

統治者都希望把國家治理好,沒有統治者主觀上想把自己國家搞垮,可是,為什麼偏偏適得其反,事與願違呢?其根本原因是平庸的「王公大人」們「不能以尚賢事能為政也」。

墨子反覆強調,人才是政權的基礎、是令行禁止的保證。君王是什麼?根據儒家的解釋:「君者群也,群下之所歸心也。」(《白虎通·三綱六紀》)「王者往也,天下所歸往。」(《白虎通·號篇》)君就是群,即群眾擁護;王就是往,即眾心歸往。君王見賢不愛、見士不親,必然人心離散、天下不附。國無良才,師無良將,必將國不國、君不君、王不王。君王的價值不在於他能親自處理多少事情,而在於能選賢任能、讓才能之士治理天下。孔子說「為政在人」,「其人存則其政舉,其人亡則其政息」(《禮記·中庸》),也正是這個意

第三章　用人之道：尚賢

思。墨子說：「故士者所以為輔相承嗣也。故得士則謀不困，體不勞，名立而功成，美章而惡不生。」（《墨子‧尚賢上》）

《老子》說：「三十輻共一轂，當其無，有車之用。」太虛法師說：「上句喻異材精能之士，分職專業，而共舉國政也；下句喻君主無為而成國治也。」（《墨子平議》）「三十輻」，即眾賢才；「一轂」，即國政。「無」，即人君無為；「用」，指治國。有各懷異能的賢才共商國是，君王就可高拱於上而天下治了。道家「無為而無不為」的訣竅，就是君無為而賢才有為。

由此看來，首先，君王與其自己親力親為，不如選賢任能。故墨子說：「故善為君者，勞於論人，而佚於治官。」（《墨子‧所染》）「論人」，即選士；「治官」，即處理政務。一個善於做君王的人，必然會在選士上多花些心思，這遠比親自處理政務重要得多。惜乎秦皇不知，親勞政事，雖「日夜有程」，而國終破；項羽不曉，勇冠三軍，雖力能拔山，而霸業滅。究其原因，都是不知選賢任能之故。

其次，尚賢是實現天下大治的根本保證。墨子說：「何以知尚賢之為政本也？曰：自貴且智者為政乎愚且賤者則治，自愚且賤者為政乎貴且智者則亂。是以知尚賢之為政本也。」（《墨子‧尚賢中》）以賢臨愚天下治，以愚臨賢天下亂。君王任用賢者，罷黜不肖，天下自然太平。「賢者之治國（執政）也，蚤朝晏退，聽獄治政，是以國家治而刑法正。」相反，不肖者當國就會國貧民困。「不肖者在左右，則其所譽不當

賢,而所罰不當暴。王公大人尊此以為政乎國家,則賞亦必不當賢,罰亦必不當暴。若苟賞不當賢,而罰不當暴,則是為賢者不勸,而為暴者不沮矣。是以入則不慈孝父母,出則不長弟鄉里;居處無節,出入無度;男女無別;使治官府則盜竊,守城則倍畔(背叛),君有難則不死,出亡則不從;使斷獄則不中,分財則不均。與謀事不得,舉事不成,入守不固,出誅不強。」(《墨子‧尚賢中》)

尚賢既是在位君主治國的必要條件,又是在野者逐鹿天下的利器。遠稽歷史,近考當代,齊桓、晉文、吳王、越君,霸天下,征諸侯,哪個不是得力於才智之士。無論是在志得意滿之時,還是在窮困潦倒之際,都不能不以得賢為急。是故墨子曰:

得意,賢士不可不舉;不得意,賢士不可不舉!(《墨子‧尚賢上》)

儒家經典《大戴禮記‧主言》亦說:「仁者莫大於愛人,知(智)者莫大於知賢,政者莫大於官賢。有土之君修此三者,則四海之內拱而俟。」這亦是將知賢、用賢作為最大的智慧和最優秀的政治,與墨子精神是一致的。

再者,尚賢還是激勵風俗的必要手段。《荀子‧勸學》:「蓬生麻中,不扶而直。」孔子曰:「舉直措諸枉,能使枉者直。」統治者的好尚,本身就是無言的導向:君王所喜,民

必有喜之者；所惡，民亦必有惡之者。墨子舉了一個例子說：

如果哪個諸侯說：「凡我國能射禦之士，我將賞貴之；不能射禦之士，我將罪賤之。」試問這個國家的士人，「孰喜孰懼」呢？墨子說：「我以為必能射禦之士喜，不能射禦之士懼。」又發令說：「凡我國之忠信之士，我將賞貴之；不忠信之士，我將罪賤之。」試問該國士人，將「孰喜孰懼」？那也一定是「忠信之士喜，不忠不信之士懼」。（《墨子·尚賢下》）

無論是性善論者，還是性惡論者，都不會否認這一點，因為趨善避惡的本能人人都有。統治者如果善用這根懲惡揚善的指揮棒，就會對社會風尚產生強大的激勵作用。「賢者舉而上之，富而貴之，以為官長；不肖者抑而廢之，貧而賤之，以為徒役。是以民皆勸其賞、畏其罰，相率而為賢。是以賢者眾而不肖者寡。此謂進賢。」（《墨子·尚賢中》）統治者尚賢，不只是得一賢使一賢的問題，而是可以產生帶動一大片、激勵一大群，轉變整個社會風氣，培養一代新風的巨大效應。

二、尚賢三本

尚賢的必要性已如上說，那怎樣才能尚賢呢？對此，墨子又條分縷析，做了熱心的指導，從識才、用才、惜才等方面提出了許多發人深省的觀點。

二、尚賢三本

1. 識才要識大體

王公大人與士君子,在主觀上也許都知道尚賢使能的重要性。即便是暴如桀紂、貪如幽厲者,亦欲尚賢使能;可悲的是他們所尚非賢、所使非能,結果導致國破家亡、身死國滅。這裡就存在識賢的標準問題。王公大人們並不是完全不知道尚賢使能的必要性,只是他們「識小而不識大」,在小事情上能夠尚賢,而在大問題上反倒糊塗了:

而今天下之士君子,居處言語皆尚賢,逮至其臨眾發政而治民,莫知尚賢而使能,我以此知天下之士君子,明於小而不明於大也。何以知其然乎?今王公大人有一牛羊之財不能殺,必索良宰;有一衣裳之財不能制,必索良工。當王公大人之於此也,雖有骨肉之親,無故富貴、面目美好者,實知其不能也,不使之也。是何故?恐其敗財也。當王公大人之於此也,則不失尚賢而使能。王公大人有一罷(疲)馬不能治,必索良醫;有一危弓不能張,必索良工。當王公大人之於此也,雖有骨肉之親,無故富貴、面目美好者,實知其不能也,必不使,是何故?恐其敗財也。當王公大人之於此也,則不失尚賢而使能。逮至其國家則不然。王公大人骨肉之親,無故富貴、面目美好者,則舉之,則王公大人之親其國家也,不若親其一危弓、罷馬、衣裳、牛羊之財歟?我以此知天下之士君子,皆明於小而不明於大也。此譬猶瘖者而使為行人,聾者而使為樂師。(《墨子·尚賢下》)

/ 第三章　用人之道：尚賢

「骨肉之親」，指外戚、皇親；「無故富貴」，指佞人；「面目美好」，指變童。在屠牛羊、製衣服、張危弓、醫疲馬等方面，王公大人知道尚賢使能，因為他們怕無能的親信們損壞財物。在治國理政這些大問題上，卻不能選賢用能，他們任親戚、信佞人、用變童。王公大人在任用這些人時，也許並不認為他們無能，反認為他們就是值得放心的賢者。如果他們真是賢智之人，倒也無妨。問題是這些親信「豈必智且慧哉」？如果不是，「若使之治國家，則此使不智慧者治國家也。國家之亂，既可得而知已」(《墨子・尚賢中》)。這無異於讓啞巴搞外交、聾子典音樂。《周易・鼎卦》說：「鼎折足，覆公餗，其形渥。凶。」講的就是這個道理。可惜的是，王公大人並不崇尚真正的賢者，他們所尚非賢，所用非能。尚賢的問題，要害不在於有賢不尚，而在於所尚非賢。

2. 賢者三端

何為賢？何為才？調弓、醫馬、屠牛、製衣之人，當然也是才，不過那是小才。「善射禦之士」也不能不說是才，不過那是將才。面目姣好、便辟聚斂者，有博取王公大人歡心的才幹，但非治國之才。如果王公大人以這些人為賢，勢必是非混亂、價值顛倒，與其如此尚賢，還不如不尚賢。老子說「不尚賢，使民不爭」，正是就此而言。墨子認為真正的賢者有三端，即德、言、術。曰：

況又有賢良之士，厚乎德行，辯乎言談，博乎道術者乎？此固國家之珍、社稷之佐也。(《墨子·尚賢上》)

「厚乎德行」，指待人以仁、行事以義；「辯乎言談」，指能言善辯，能上說下教，處理邦交；「道術」即道藝，指治國才幹；「博乎道術」，指明於道理，善於政務。德行、言談、道術俱佳，自然是「國家之珍、社稷之佐」了。墨子以德、言、術三端試士的思想，在世卿世祿、任人唯親的當時是很有進步意義的。

3. 尚賢三本

對於那些「厚乎德行，辯乎言談，博乎道術」的賢才，墨子主張「富之貴之，敬之譽之」，對賢才進行精神鼓勵和物質獎勵，讓他們在政治地位和經濟地位上與眾不同。為了獎勵賢人，墨子提出了尊賢三法，即：

高予之爵，重予之祿，任之以事，斷予之令。(《墨子·尚賢上》)

《墨子·尚賢中》稱上列三事為「三本」。墨子說，雖已知道尚賢的重要，但如果不知道「所以行之術」，尚賢也收不到良好的效果。因此「必置三本」：

何謂三本？曰：爵位不高，則民不敬也；蓄祿不厚，則民不信也；政令不斷，則民不畏也。故古聖王高予之爵，重

予之祿，任之以事，斷予之令。夫豈為其臣賜哉？欲其事之成也。（《墨子·尚賢中》）

「置三本」，高爵、厚祿、果行（行事果斷），並不是特別對待賢才，而是利於「其事之成」。墨子說，尊賢本身不是目的，目的在於政成事遂；尚賢也不是目的，而是讓賢者為國家出謀劃策的手段。他說「爵位不高，則民不敬」，這是因為賢者多出身低微、地位低下，如果不給予他們崇高的地位、不改善他們卑微的處境，就不能改變世人尊尊而貴貴的習俗。「蓄祿不厚，則民不信」，則是針對統治者常常玩假尚賢遊戲說的。他指出，當時一些王公大人尚賢，「高予之爵而祿不從」，給賢者空頭銜，在經濟待遇上並不兌現。這並不能改善賢者的貧困處境，也讓他們無法全身心投入高層次的管理工作；而且有名無實的假尚賢，必定使賢者傷心、民心失望：「夫高予爵而無祿，民不信也。曰：『此非中誠愛我也，假借而用我也。』夫假借之民，將豈能親其上哉？」（《墨子·尚賢中》）統治者愚弄賢者，賢者就會與他離心離德；如果尚賢能在爵祿上落實、政策上兌現，賢者就會盡心盡力地從事工作，君王就可坐享其成。「古者聖王唯毋得賢人而使之，般爵以貴之，裂地以封之，終身不厭，賢人唯毋得明君而事之，竭四肢之力，以任君之事，終身不倦。若有美善，則歸之上，是以美善在上而所怨謗在下，寧樂在君，憂戚在臣。故古者聖王之為政若此。」（《墨子·尚賢中》）

「任之以事，斷予之令」，是就任用賢者說的。尚賢的目的是用賢，唐太宗說：「有才而不用與無才等，用才而不信與不用等。」墨子「任之以事」是用賢，「斷予之令」是信賢。有賢要用，用賢要信，這是古今用人的成功經驗；反之，如果尚賢而不用，用賢而不信，則必敗無疑。春秋時，晉卿范中行氏亦「尊賢而賤不肖」，卻以亡國破家告終。原因何在？

孔子總結他的教訓說：「范中行氏尊賢而不能用也，賤不肖而不能去也。賢者知其不己用而怨之，不肖者知其賤己而讎之。賢者怨之，不肖者讎之，怨讎並前，中行氏雖欲無亡，得乎？」（《說苑·尊賢》）歷史上這種有才不尊而不用的事例有很多，他們有權不肯分人、有財不肯班祿，墨子對此感慨頗深。他說：「先王有言：『貪於政者，不能分人以事；貪於貨者，不能分人以祿。』事則不予，祿則不分，請問天下之賢人，將何自至乎王公大人之側哉？」（《墨子·尚賢中》）

4. 一視同仁

列德尚賢、唯才是舉、打破階級界限，是墨子尚賢思想的重大特色。有範圍限制的尚賢，得賢亦不廣；有偏見的尚賢，得賢也不真。與儒家在統治階級內部尚賢的主張不同，墨子突破了當時還十分森嚴的等級制度，不帶偏見、不限區域，在全社會範圍內講尚賢。他說：

第三章　用人之道：尚賢

　　故古者聖王之為政，列德而尚賢。雖在農與工肆之人，有能則舉之。(《墨子·尚賢上》)

　　「農」即農業，「工」即手工業，「肆」即商業。墨子主張「親士」，但並不歧視農業、手工業、商業中的賢能之士。他說：「官無常貴而民無終賤。有能則舉之，無能則下之。」(《墨子·尚賢上》)有才能縱然出生微賤，也要「富之貴之，敬之譽之」。孔子說：「犁牛之子騂且角，雖欲勿用，山川其舍諸？」孔、墨在這裡亦有共同點。

　　選才要統一標準，標準就是「賢」。如果用人者只以一個「賢」的標準來選擇人才，那麼，人們就會照此標準來造就自己，「上之所以使下者一物(事)也，下之所以事上者一術也」。如果天下之人透過這一個途徑進身，統治者就找到治理天下的要害了：「譬之富者，有高牆深宮，牆立既謹，上為鑿一門，有盜人入，闔其自入而求之，盜其無自出。是其故何也？則上得要也。」(《墨子·尚賢上》)相反，如果選人標準不一，或由才能，或由親近，或因便辟，門徑多端，人們就會巧思積慮、鑽營投機。這樣必然「多歧亡羊」。

　　舜最初是歷山田舍翁、河濱泥瓦匠、雷澤打漁郎，「堯得之服澤之陽，舉以為天子」；伊尹是有莘氏女的媵臣，「親為庖廚」，「湯得之，舉以為己相」；傅說貧時，「衣褐帶索」，在傅巖築牆，「武丁得之，舉以為三公」。茲三者，都是「始賤卒而貴，始貧卒而富」(《墨子·尚賢中》)。堯、湯、武丁不

二、尚賢三本

計其出身,富之貴之,「與接天下之治,治天下之民」,於是天下大治。這是三代聖王「尚賢使能」的成功範例,而舜、伊尹、傅說就是古代貧民社會裡富有才幹的代表。

5. 因能授官,論功行賞

既知愛才尚賢,又必須知人善任。於此,他提出了「因能授官」、「以勞殿賞」的用人主張。

因能授官。墨子要求尚賢要尚到實處,人盡其才,才盡其用。他說:「聖人聽其言,跡其行,察其所能而慎予官。此謂事能(使能)。故可使治國者使治國,可使長官者使長官,可使治邑者使治邑。」(《墨子‧尚賢中》)「察其所能而慎予官」,即根據賢者所長授予合適的官職。一切從實際出發,適合在中央管理大政方針的就留在中央;適合在職能部門管理具體事務的就安排在相應的職能部門;適合在地方工作的就安排在地方。人稱其位,官稱其職。孔子說:「孟公綽為趙魏老則優,不可為滕薛大夫。」墨子說,如果統治者用人不以量才錄用(「不察其知」)為原則,而是摻雜了其他感情因素(「與其愛」),必然造成才能、官職、政事互不相稱,就會出現「治一而棄九」的現象。

以勞殿賞,屬於考課的範疇。墨子曰:「以德就列,以官服事,以勞殿(定)賞,量功而分祿。故官無常貴而民無

049

終賤。有能則舉之，無能則下之。舉公義，辟（避）私怨。」（《墨子·尚賢上》）前兩句屬於量才錄用，後面都是既用後的考課與管理。墨子尚賢，十分重視賢者就任後實績的責成。「以德就列」，不是純粹出於對賢者的表彰或安撫的目的，而是要賢者出來為國辦事，即「以官服事」。「以勞殿賞」是對賢者服事實績的驗收。考課的目的有二：

一是「殿賞」，制定賞格。這是鐵面無私的工作，沒有私情：「是故雖有賢君，不愛無功之臣；雖有慈父，不愛無益之子。是故不勝其任而處其位，非此位之人也；不勝其爵而處其祿，非此祿之主也。」（《墨子·親士》）

二是決定官員的去留。即使「以德就列」的賢者也不能一勞永逸地坐享其位。透過考察，有能者可以繼續留任，無能者則將被無情地淘汰。這樣才能切實做到「官無常貴，民無終賤」，保證官員恪盡職守，也才能為民間賢者隨時充實官僚隊伍提供可靠保障。

三、惜才護才

在愛才、惜才、護才上，墨子還是富有人情味的。盛才易毀，賢士易傷，這就要求統治者善於惜之護之。賢才往往恃才傲物，要求統治者胸懷大度、虛心納賢。關於第一個問題，墨子曰：

三、惜才護才

今有五錐，此其銛（銳利），銛者必先挫。有五刀，此其錯（鋒利），錯者必先靡。是以甘井近竭，招木近伐，靈龜近灼，神蛇近暴。是故比干之殪（死），其抗（亢直）也；孟賁之殺，其勇也；西施之沈（沉），其美也；吳起之裂（車裂），其事（改革）也。故彼人者，寡（少）不死其所長。故曰「太盛難守」也。（《墨子・親士》）

優秀的事物有幸受到人們青睞，它們的生機卻先遭到毀傷。銳利的錐子先用折，鋒利的刀刃先磨光⋯⋯比干因直言被剖心，孟賁因勇力被殺頭，西施因美麗被沉江，吳起因改革被車裂（孟賁、吳起在墨子後，此乃弟子摻入）。良器與賢才，都因自己的特長而毀身滅門，聰明反被聰明誤。《莊子》中所記山中樗木不材故壽、林間梗楠因材見伐的寓言，形象表達了這一事實，故寧願處於「材與不材之間」。賢主如果不加保護，就會令天下賢士望而生畏，教天下父母寒心。蘇東坡因才見毀，晚年生兒，作〈洗兒詩〉曰：「人皆養子望聰明，我被聰明誤一生。唯願孩兒愚且魯，無災無難到公卿。」讀此詩，天下之為人君者不知做何感想。

良材也有其不同凡品的特殊性。墨子曰：

良弓難張，然可以及高入深；良馬難乘，然可以任重致遠；良才難令，然可以致（使）君見尊。是故江河不惡小穀之滿己也，故能大；聖人者事無辭（推謝）也，物無違（迴避）也，故能為天下器。（《墨子・親士》）

第三章　用人之道：尚賢

　　大材不同小材，良器難比凡物。良才常常有特殊的個性，桀驁不馴，不肯屈就。然而他們有特長、堪大用，能「任重致遠」、「致君見尊」，使事遂業就、國威主尊。賢主不應以常物視之，以凡品待之；不應責其小節，計其小嫌，而遺其大才。聖人遇事不推託，遇物不迴避，以江海的氣度虛心吞納，容納有小缺點的才智之士，以為我用。墨子進一步舉例：「江河之水，非一源之水也；千鎰之裘，非一狐之白也。」(《墨子・親士》) 只有廣徵天下才士，才能成就聖人之業。

　　墨子的尚賢思想比較全面系統。墨子對尚賢的重要性、迫切性，尚賢的禁忌、方法，以及愛賢、護賢等問題都做了論述。他視「尚賢為政之本」，賢才為國家珍寶。他教誨王公大人愛才尚賢要識大體、顧大局，崇尚真正於國於民有利有用的大賢大才。為此，他提出「賢者三端」的量才標準、「尚賢三本」的尚賢措施和「因能授官，以勞殿賞」的用賢方法，妙「喻」連篇地列舉了賢才易損、賢才難馭等問題。這些珍貴教誨由一個兩千多年前的古人系統地加以論證和提倡，確實是難能可貴的。尤其是他超越階級局限，第一個提出「官無常貴，民無終賤」、「雖在農與工肆之人，有能則舉之」的廣泛的尚賢原則，更是劃時代的，具有深遠的歷史影響。他第一個喚醒了民眾沉睡的主角意識，也第一次抨擊了等級森嚴、世卿世祿的用人制度，對戰國時代諸侯各國不次用人、廣泛招延耕戰之才的風氣的形成，實有啟迪之功。

第四章　統治之本：尚同

墨子在論證了「尚賢為政之本」後，接著又提出了「尚同為政之本而治之要」(《墨子·尚同下》)的著名論點。「尚同」就是同於上，是提倡集權、統一是非、統一思想、統一步調。尚賢是從選拔政治人才方面來說的，無人即無以為政，是用人之道；尚同是從政治措施方面來說的，是統治之術，不尚同就無法從政。透過尚賢之道，達到「天下英雄入吾彀中」的目的；透過尚同之術，達到君臣萬民統一了解、令行禁止的目的。尚賢得人，尚同得法，無怪乎墨子都視為「政之本」。尚同是為推行墨子政治理想廓清迷霧、開通坦途，所以墨子又指出尚同為「治之要」。「尚同為政之本而治之要」，正表明尚同是天下大治在政策上的基本保證。

一、尚同的前提——選擇「賢可者」為君

尚同之說建立在墨子社會進化論和文明史觀基礎之上，與他的尚賢主張也是分不開的。墨子論國家的起源說：

古者民始生，未有刑政之時，蓋其語人（人人）異義，是以一人則一義，二人則二義，十人則十義。其人茲（滋，益）

第四章　統治之本：尚同

眾，其所謂「義」者亦茲（滋，益）眾。是以人是其義，以非人之義，故交相非也。是以內者父子兄弟作（產生）怨惡，離散不能相和合。天下之百姓，皆以水火毒藥相虧害。至有餘力，不能以相勞；腐朽餘財，不以相分；隱匿良道（知識），不以相教。天下之亂，至若若禽獸然。

夫明虖（乎）天下之所以亂者，生於無政長，是故選天下之賢可者，立以為天子。天子立，以其力為未足，又選天下之賢可者，置立之以為三公。天子、三公既以立，以天下為博大，遠國異土之民、是非利害之辯，不可一二而明知，故畫分萬國，立諸侯國君。諸侯國君既已立，以其力為未足，又選擇其國之賢可者，置立之以為正長（長官）。（《墨子‧尚同上》，中、下篇略同）

墨子既揭示了社會發展的一般途徑，又論證了實行尚同的客觀依據。墨子認為，君主起源於避亂就治的選擇，各級官吏是選拔出來輔佐君主的，國家機器就是為了保證社會秩序化而建立的。國家管理機器的出現，是歷史發展的必然產物；自天子、三公至諸侯、正長，當初都是選拔產生的。這是進步的歷史觀，也是善良的政治理想。在兩千多年之後，英國的湯瑪斯‧霍布斯（Thomas Hobbes）、法國的尚－雅克‧盧梭（Jean-Jacques Rousseau）才得出相同的結論。

既然國家的出現是歷史的必然產物，這就決定了人類社會有一個領導與被領導的關係，有實行尚同的必要。霍布斯認為：既然臣民們透過契約將權力交給了君主，就不能擅自

一、尚同的前提—選擇「賢可者」為君

收回,因此必須實行專制主義。墨子的尚同也有些近似。不過,尚同是有前提條件的,即天子至正長必須由「天下之賢可者」充任,否則尚同就沒有安全的保證。這是他之所以要將〈尚賢〉篇排在〈尚同〉篇之前的原因。

對於墨子尚同思想的評價,學術界曾經有過兩種截然不同的意見。一種意見認為,墨子「這種議論,和歐洲初期的『民約論』很相類」。此說以梁啟超《墨子學案》為代表,張純一《墨子集解》同之。另一種意見反對墨子是民約論者,認為立天子不是由人民來選擇,而是由天來選擇,是君權神授的思想。此說以郭沫若〈墨子的思想〉為代表。

其實,二說都各有偏頗。在墨子這段文字(甚至《墨子》全書)中,既找不到人民自覺立天子、選擇文明社會的文字,又沒有上天選建天子、諸侯的紀錄。[01]

不過在墨子之外,先秦時期曾有過「君主民選」和「君權天成」的思想。《左傳》一再說:「天生民而立之君,使司

---

[01] 《墨子·尚同中》:「故古者之置正長也,將以治民也,譬之若絲縷之有紀,而網罟之有綱也。將以連役天下淫暴而一同其義也。是以先王之書《相年》之道曰:『夫建國設都,乃作后王君公,否用泰也;卿大夫師長,否用佚也。維辯使治天鈞。』則此語古者上帝鬼神之建設國都、立正長也,非高其爵、厚其祿、富貴佚而錯之也。將以為萬民興利除害,富貧眾寡,安危治亂也。」在這段話中,自「故古者之置正長」至「一同其義也」,是墨子的話。「夫建國設都」至「維辯使治天鈞」是直接引述「先王之書《相年》之道」的話。自「古者上帝」以下至「安危治亂也」,是間接申述「先王之書《相年》之道」的原意,有「則此語」三字為證。《相年》之書,是古代典籍,不是墨家經典,不能代表墨家觀點。「作后王君公,否(非)用(以為)泰(驕矜)也;卿大夫師長,否用佚(逸樂)也」,頗與荀子「天之生民非為君也,天之立君以為民也」相類。

055

第四章　統治之本：尚同

牧之」（襄公十四年），「天生民而樹之君，以利之也」（文公十三年）。民為天所生，君為天所立（樹），此即「君權天成」。荀子亦曰：「天之生民非為君也，天之立君以為民也。」（《荀子·大略》）此與《左傳》觀點相同。由此可證，「君權天成」是儒家的一貫觀點，郭沫若所駁應為此派。

韓非子說：「上古之世，人民少而禽獸眾，人民不勝禽獸蟲蛇，有聖人作，搆木為巢，以避群害，而民悅之，使王天下，號之曰『有巢氏』。民食果蓏、蜯蛤，腥臊惡臭，而傷害腹胃，民多疾病。有聖人作，鑽燧取火，以化腥臊，而民說之，使王天下，號之曰『燧人氏』。」（《韓非子·五蠹》）「民悅之使王天下」，此即「君主民選」，為法家所主。梁啟超所贊應為此派。

在儒家「君權天成」和法家「君主民選」二說外，尚有自然形成君主國家之說。此派可命名為「君主自然說」。《文子·自然》載：「老子曰：古之立帝王者，非以奉養其欲也；聖人踐位者，非以逸其身也。為天下之民，強淩弱，眾暴寡，詐者欺愚，勇者侵怯；又為其懷智，不以相教，積財不以相分，故立天子以齊一之。為一人之明，不能遍照海內，故立三公九卿以輔翼之。為絕國殊俗，不得被澤，故立諸侯以教誨之。是以天地四時，無不應也。官無隱事，國無遺利，所以衣寒食飢，養老弱，息勞倦，無不以也。」相同的記載還見於《淮南子·修務》，為了節省篇幅，茲不具引。《文子》、

《漢書‧藝文志》將其入道家，並注稱：「老子弟子，與孔子同時。而稱周平王問，似依託者也。」其書雖是依託，但內容屬於道家無疑。《淮南子》亦道家之書。二書的措辭與墨子一致，都沒有主語，沒有講「明乎亂世選建天子」的是誰。墨子社會演進理論實與道家同流，道法自然，亂之極即治之始；《文子》、《墨子》、《淮南子》立天子以齊一亂世之說，正符合道家治亂相生之說。《文子》以這段文字入〈自然〉，就是明顯的證據。君主誕生出於自然，是道、墨的共同觀點。據此可知，墨子「明乎亂世選建天子」的主語應是自然，而不是神或民。它既不是「君權天成」，又不是「君主民選」，而應是自然生成。這個觀點反映了先哲對人類社會從無序到有序、從無君到有君、從氏族到國家、從野蠻到文明的發展歷程的理解。

二、尚同四法 —— 不失為民主的專制

墨子在論證了君主政治的必然性後，接著提出了「尚同」的主張。曰：

正長既已具，天子發政於天下之百姓，言曰：「聞善而不善，皆以告其上；上之所是必皆是之，上之所非必皆非之；上有過則規諫之，下有善則傍（訪）薦之；上同而不下比（朋黨）者，此上之所賞而下之所譽也。」（《墨子‧尚同上》）

第四章　統治之本：尚同

此即尚同的內容。包括四個方面：

其一曰：「聞善而（或）不善，皆以告其上」，下情上達。霍布斯的專制主義學說，取消了人民個人的意志；而墨子的「尚同」學說，人民還保留發言的權利。這是墨子比霍布斯民主之處。《墨子・尚同中》稱為「上下情請為通」，要求「上有隱事遺利，下得而利之；下有蓄怨積害，上得而除之」。這樣做就能興利除弊，從而提高君王的辦事效率。「先王之言曰：『非神也，夫唯能使人之耳目助己視聽，使人之吻助己言談，使人之心助己思慮，使人之股肱助己動作。』助之視聽者眾，則其所聞見者遠矣；助之言談者眾，則其德音之所撫循者博矣；助之思慮者眾，則其談謀度速得矣；助之動作者眾，即其舉事速成矣」（《墨子・尚同中》），如此便能永遠立於不敗之地。所以，「上之為政也，得下情則治，不得下情則亂」（《墨子・尚同下》）。

其二曰：「上之所是必皆是之，上之所非必皆非之」，為了便於令行禁止，必須議定國是、統一認知，形成統一的是非標準。是非統一，故刑罰得中。「上之所賞而下之所譽也」，「上之所罰而下之所毀也」。賞罰皆得民心，故可勸善懲惡。家君一同其家之義，里正、鄉長一同其鄉里之義，諸侯一同其國之義，天子一同天下之義。下之人去其不善之言，學正長之善言；去其不善之行，學正長之善行。天下之人去其不善之言行，而學天子之善言善行。上有所倡，下必所向；

二、尚同四法──不失為民主的專制

上有所禁，下有所止。李斯「若有欲學，以吏為師」的思想也是此意，但不知是否是受了墨子尚同說影響。

其三曰：「上有過則規諫之，下有善則傍（訪）薦之」，此匡謬補缺，推轂善類。尚同並不是將一切權力都交付君主，人民隨時可以監督、匡正統治者。如果統治者實在太令人失望了，人民可以發動革命推翻其統治。墨子認為湯武革命是「誅」昏君，這一點又與盧梭接近。盧梭認為，民眾透過締約選出君主後，君主代替人民執政；如果執政者違反協約，人民有權廢止協約，進而推翻違約的統治者。不過革命畢竟是一件痛苦的事情，故墨子主張採取積極防範的措施，特別提倡臣民進諫，反對阿諛奉承。《墨子‧親士》曰：「是故俌（輔）臣搞（匡）君[02]，諂下傷上。」主張「君必有弗弗（咈咈，否決）之臣，上必有詻詻（爭議）之下，分（異）議者延延（誾誾，諫諍），而支苟（持敬，忠於職守）者詻詻。焉（於是）可以長生保國」，國家和人民的保全，端在於大臣的進諫。否則，如果「臣下重其爵祿而不言，近臣則喑（沉默），遠臣則唫（不言）。怨結於民心，善議障塞，則國危矣」（《墨子‧親士》）。

其四曰：「上同而不下比（朋黨）」，去私服公，在行動上統一。上同，即下級與上級同心、萬民與天子一意；下比，即臣民有異心，結黨營私，勇於私鬥，不服公義。「上同而不下比」，下與上同，民與君同，「治天下之國若治一家，使天下之

---

[02] 原本作「俌臣傷君」，義不可通，茲從張純一《墨子集解》校改。

民若使一夫」(《墨子・尚同下》)，天下可運諸掌矣。這是尚同的最高境界，也是實現上述各項「尚同」內容的保證。

綜觀墨子「尚同」的四項內容，貫徹了集思廣益、民主集中的原則。下情上達，政令有了合乎實際的保證；思想統一，是非一致，賞善罰惡、準確無誤有了保證；匡過薦賢，避免失誤有了保證；上同而不下比，令行禁止有了保證。還有什麼事情辦不好呢？

前人多根據墨子「上之所是必皆是之，上之所非必皆非之」一語，得出墨子的「尚同」是專制主義的結論。甚至說：所謂尚同，實即不許人民有思想、言論、行動的自由，「簡直是一派極端專制的奴隸道德！」這真是莫大的誤會。

三、下級服從上級

尚同不是一個空洞的口號，墨子還具體設計了實行「尚同」的形式和步驟，規劃了一個從家長里君到諸侯、從諸侯到天子，又從天子到上天逐級「尚同」的方案：

是故里長者，里之仁人也。里長發政里之百姓，言曰：「聞善而不善，必以告其鄉長，鄉長之所是必皆是之，鄉長之所非必皆非之；去若不善言，學鄉長之善言；去若不善行，學鄉長之善行。」則鄉何說以亂哉？察鄉之所以治者，何也？鄉長唯能一同鄉之義，是以鄉治也。(《墨子・尚同上》)

這是里長在里中實施尚同。又曰：

> 鄉長者，鄉之仁人也。鄉長發政鄉之百姓，言曰：「聞善而不善，必以告國君；國君之所是必皆是之，國君之所非必皆非之；去若不善言，學國君之善言；去若不善行，學國君之善行。」則國何說以亂哉？察國之所以治者，何也？國君唯能一同國之義，是以國治也。（《墨子·尚同上》）

這是鄉長在鄉中實施尚同。又曰：

> 國君者，國之仁人也。國君發政國之百姓，言曰：「聞善而不善，必以告天子；天子之所是必皆是之，天子之所非必皆非之；去若不善言，學天子之善言；去若不善行，學天子之善行。」察天下之所以治者，何也？天子唯能一同天下之義，是以天下治也。（《墨子·尚同上》）

此諸侯在國內實施尚同。

《墨子·尚同下》還補充了「家君」使家庭成員尚同於里正。這樣一來，集全家人思想統一於家長，集若干家人思想統一於里長，集若干里人思想統一於鄉長，集若干鄉人思想統一於諸侯，集若干諸侯國人思想統一於天子。全天下人的思想都統一了，天下萬民就成了一人，天下萬家就成了一家，「故曰治天下若治一家，使天下之民若使一夫」（《墨子·尚同下》）。這樣，政治就得心應手了。

天下之人尚同於天子，天子就是天下最具有權威的人。這固然為全天下人步調一致做出了組織保證，但是如果天子

第四章　統治之本：尚同

犯了錯，豈不將全天下之人都推入不幸的深淵？怎樣才能保證天子具有「天下之仁者」的資格呢？為了替天子製造精神的枷鎖，墨子認為「尚同於天子」並不是「尚同」的止境，最後還必須尚同於天：

> 夫既尚同乎天子，而未上同乎天者，則天災將猶未止也。故當若天降寒熱不節，雪霜雨露不時，五穀不孰（熟），六畜不遂，疾災戾疫，飄風苦雨，薦臻而至者，此天之降罰也。將以罰下人之不尚同乎天者也。（《墨子·尚同中》）

如果天子不尚同於天，天就會降災示罰。天才是尚同的終點站，上天是「尚同」活動的最終裁判。凡尚同於天、合天意者，將受天賞；凡不尚同於天、違天者，則受天罰。這看起來十分迷信、十分落後，但這又是人民在將權力交給君主之後不得不做的預案和不得不有的精神寄託，「尚同於天」有限制天子隨心所欲濫用職權的實際意義。正如我們後面將要揭示的那樣，墨子心目中的天，是正直的天、善良的天、民主的天。天的本心是愛人利人，天子愛人利人，就合乎天意，就是尚同於天，否則就不是。「故古者聖王明天鬼之所欲，而避天鬼之所憎，以求興天下之利、除天下之害。」（《墨子·尚同中》）儘管這種說法在科學上是落後的，但在實踐上是積極的。

墨子的尚同強調以尚賢為前提，這是進步的。但對於最高統治者，只強調君主國家誕生的初期形式具有民主意識；

對後世君王的繼承形式未作探討,只為天子製造了一個虛幻的上天、精神的枷鎖,實際上對君王的約束力並不強。同時,只單方面強調君對民、上對下的賞罰之權,下對上、民對君只有「規諫」權。在具體如何實施規諫上,沒有具體的制度,就不能保證人民的意見及時暢達地上傳給統治集團。墨子的尚同主要強調的是下對上的服從,而忽略了下對上的制約,官僚意志得不到有效限制;即便初選的正長不失為好官,也難保證他不受權力的腐蝕。因此,墨子「尚同」思想極易轉換為專制主義的理論基礎,並向專制集權方向傾斜。「民主集中」很容易成為專制主義的遮羞布;「愛民利民」也不難成為欺世盜名的口號;他對正長「賢可」的論證,反而成了專制暴君神化君權的理論武器。社會仍然不能在健全的機制中實現自我更新,必然採取崩潰解體的革命形式來解決問題。對此,墨子最終也沒能避免戰爭解決問題的結論。

/ 第四章　統治之本：尚同

第五章　處世哲學：兼愛

墨子兼愛學說涉及社會和諧、穩定的原理。社會怎樣才能和諧、穩定？對此，古今中外的聖賢哲人提出了種種設想，也做出了種種猜測和解說。孔子之「仁義」、基督之「博愛」、佛祖之「普度」，都是希望解決這一問題；墨子則以「兼愛」作為自己的理論基調。《尸子》曰：「墨子貴兼。」《孟子》曰：「墨子兼愛。」《呂氏春秋》曰：「墨翟貴廉（兼）。」墨子學說以兼愛為核心，亦以兼愛為基礎。此古來相傳之說，近世梁啟超、曹耀湘等人俱主之，是墨子全部學說的精華所在，也是墨子思想引發後人爭議的主要原因。孟子曰：「墨子兼愛，摩頂放踵利天下，為之。」此贊之也。又曰：「楊氏為我，是無君也；墨子兼愛，是無父也；無父無君，是禽獸也。」此毀之也。孟子何以對墨子「兼愛」之說，一則以譽，一則以毀呢？

一、愛的原因

愛不愛關係治亂。墨子說：「聖人以治天下為事者也，必知亂之所自起，焉（乃）能治之。」（《墨子‧兼愛上》）不知道亂的原因，就像醫病不知道病根一樣，下處方藥是盲目的。他說，當時父子不相「慈孝」，兄弟不相「和調」，君臣不相「惠忠」，道德淪喪，斯文掃地；強者「執弱」，眾者「劫寡」，

第五章　處世哲學：兼愛

詐者「欺愚」，社會秩序混亂；富者「侮貧」，貴者「傲賤」，階級矛盾十分尖銳。天下形勢，一言以蔽之曰：「亂！」（《墨子・兼愛下》）天下大亂的起源何在呢？據墨子考察，實皆「起不相愛」（《墨子・兼愛上》）。何以見得？墨子分析說：

> 子自愛，不愛父，故虧父而自利；弟自愛，不愛兄，故虧兄而自利；臣自愛，不愛君，故虧君而自利。此所謂亂也。（《墨子・兼愛上》）

同理：

> 父自愛也，不愛子，故虧子而自利；兄自愛也，不愛弟，故虧弟而自利；君自愛也，不愛臣，故虧臣而自利。是何也，皆起不相愛。（《墨子・兼愛上》）

試想，家庭成員之間都各自從算、損人利己，彼此不關愛，那這個家能溫暖嗎？不僅倫理道德的喪失「皆起不相愛」，而且社會秩序的混亂、國際關係的緊張，也莫不起於人們愛心的泯滅：

> 盜愛其室不愛異室，故竊異室以利其室；賊愛其身不愛人，故賊人身以利其身。此何也？皆起不相愛。雖至大夫之相亂家、諸侯之相攻國者亦然：大夫各愛其家不愛異家，故亂異家以利其家；諸侯各愛其國不愛異國，故攻異國以利其國。（《墨子・兼愛上》）

由此可見，世間一切罪惡，舉凡不忠不孝、不仁不義、不和不安，都是不相愛的產物；舉天下之亂源，非他，「皆起

一、愛的原因

不相愛」而已。社會混亂的病因既明，墨子就對症下藥，曰：「以兼相愛、交相利之法易之。」（《墨子・兼愛中》）墨子認為「兼愛交利」是結束亂世之良方。什麼是「兼相愛」、「交相利」呢？就是愛他人與愛自己相同，利他人與利自己一致。墨子繪聲繪色地描繪「兼愛」圖景說：

> 視人之國若視其國，視人之家若視其家，視人之身若視其身。是故諸侯相愛則不野戰，家主相愛則不相篡，人與人相愛則不相賊；君臣相愛則忠惠，父子相愛則慈孝，兄弟相愛則和調。天下之人皆相愛，強不執弱，眾不劫寡，富不侮貧，貴不傲賤，詐不欺愚。凡天下禍篡怨恨可使毋起者，以相愛生也。（《墨子・兼愛中》）

相愛可以避免天下之禍、篡、怨、恨，可避免天下一切禍亂盜賊，可產生忠惠、慈孝及和調，會帶來階級之間、階層之間的和諧與互助。總而言之，相愛乃天下至治之根本、天下太平之關鍵。

兼愛為人心所向。相愛是和平安寧的使者，是團結互助的黏合劑，代表了人心向善的理想，是人心之所向、眾望之所歸。為說明這個問題，墨子稱舉了「兼士」、「別士」與「兼君」、「別君」彼此不同的例子：

> 設以為二士，使其一士者執別，使其一士者執兼。是故別士之言曰：「吾豈能為吾友之身若為吾身，為吾友之親若為吾親！」是故退睹其友，飢即不食，寒即不衣，疾病不侍

第五章　處世哲學：兼愛

養,死喪不葬埋。別士之言若此,行若此。

兼士之言不然,行亦不然。曰:「吾聞為高士於天下者,必為其友之身若為其身,為其友之親若為其親,然後可以為高士於天下。」是故退睹其友,飢則食之,寒則衣之,疾病侍養之,死喪葬埋之。兼士之言若此,行若此。(《墨子‧兼愛下》)

在墨子看來,兼士即主兼愛之士,愛無區別,利他;別士即別愛之士,愛有等差,利己。他又設問說,如果有行遠路、服遠役、前途未卜、歸期無測者,他是將自己的妻子兒女託付給兼士呢,還是別士呢?毫無疑問,「天下無愚夫愚婦,雖非兼之人必寄託之於兼之有是也」(《墨子‧兼愛下》)。由此可見,兼士得人心、受歡迎。

設以為二君,使其一君者執兼,使其一君者執別。是故別君之言曰:「吾惡能為吾萬民之身若為吾身?此泰(太)非天下之情也。人之生乎地上之無幾何也,譬之猶駟馳而過隙也。」是故退睹其萬民,飢即不食,寒即不衣,疾病不侍養,死喪不葬埋。別君之言若此,行若此。

兼君之言不然,行亦不然,曰:「吾聞為明君於天下者,必先萬民之身後為其身,然後可以為明君於天下。」是故退睹其萬民,飢即食之,寒即衣之,疾病侍養之,死喪葬埋之。兼君之言若此,行若此。(《墨子‧兼愛下》)

別君及時行樂,自利而不利民;兼君先民後己,利民愛民。如果突然遇上天災饑荒,天下之民將選擇誰?毫無疑

一、愛的原因

問,「天下無愚夫愚婦,雖非兼者,必從兼君是也」。可見,兼君得民心、受擁戴。

兼愛乃自愛之前提。有人說,兼愛將影響盡孝(「不忠親之利而害為孝乎」),這是針對儒家「親親有殺,尊賢有等」而做的假說。孝子都愛其親,但怎樣才是愛親呢?是虧人之親來利己之親呢,還是先愛人之親以求人愛己之親人——「先從事乎愛利人之親,然後人報我以愛利吾親也」呢?根據善惡報應的概念,墨子認為應先人後己,愛親必以愛人之親為前提。《詩經·大雅·抑》曰「無言而不讎(答),無德而不報。投我以桃,報之以李」,正是這個意思。由此展開,愛己者亦必以愛他為前提,「愛人者人必從而愛之,惡人者人亦從而惡之」。只有愛人為先才是愛己的可靠保證。墨子愛己以愛人為先的辯證法本來是不錯的,但是說儒家的等差之愛就必然發展為不愛,又未免歪曲了儒者本意。孟子曰:「愛人者人恆愛之,敬人者人恆敬之。」又曰:「殺人父者人亦殺其父;殺人兄者人亦殺其兄。然則非自殺之也,一間耳。」故《孝經》曰:「愛親者不敢惡於人,敬親者不敢慢於人。」此正是「愛人者必見愛也,而惡人者必見惡也」(《墨子·兼愛下》)的道理。墨子歪曲儒家「親親有殺」為不愛、孟子以「兼愛」為無父無君,都是偏激之詞。

兼愛乃上天之志。墨子兼愛說建立的哲學基礎是「天志」、「明鬼」。墨子說:「天必欲人之相愛相利,而不欲人之

第五章　處世哲學：兼愛

相惡賊也……愛人利人者，天必福之；惡人賊人者，天必禍之。」(《墨子・法儀》)人為天生，在天面前人人平等。天對於人，兼而有之，在身分上是平等的；兼而食之，在機會上是平均的；兼而愛之，在感情上是平衡的；兼而利之，在幸福上是平均的。這與基督教學說相似。既然在天面前人人平等，那麼任何人都沒有理由損人利己。

二、愛的原則

怎樣推行「兼愛」呢？施行「兼愛」的原則是什麼？仔細推敲墨子之意，不外乎「愛」、「兼」、「利」三字。「愛」是核心，「兼」是方法，「利」是實質。愛而不兼，必流於偏愛、自愛，是狹隘的愛，偏愛乃罪惡之源；愛而不利，則流於空洞，不足以服眾取信。「愛」與「兼」、「利」，構成墨子「兼愛」理論的全部內容。

愛。「愛」是人類最美好的字眼。「愛」是智人誕生以來就存在並因之而得以生存發展的情感，也是一個讓人熱血沸騰的詞，在世界進入理智思維之後，作為奉獻的「愛」更顯得難能可貴。「愛」有許多種類，有對異性的情愛、對朋友的友愛、對人類的同胞之愛，以及對可貴之物的賞愛和貪愛等。我們這裡討論的即是對人類的同胞之愛。這種愛產生於人的同類意識和群體意識，在《呂氏春秋》中被稱為「愛

二、愛的原則

類」。在「禽獸眾而人民少」的遠古社會，愛類意識是人類求取生存的需求。當人類進入人格自覺階段後，愛類意識又成了個性修養極高的聖賢主動關心他人、幫助他人、成就他人的高尚情感。孔子將這種情感命名為「仁」，定義為「愛人」。「仁」字從人從二，即人與人相親、人與人相愛。墨子直接稱「愛」；與「愛」相對立的感情稱「惡」，讀「務」音，即討厭。墨子的「愛」，從被動意義上說，是與人為善、和平非攻；從主動意義上說，是博愛無私、積極救世。《莊子・天下》曰：「墨子氾愛、兼利而非鬥，其道不怒。」「氾愛」即博愛，「兼利」即利他，「非鬥」即非攻，「不怒」即和平。此莊子數語可謂得墨子「愛」學之精髓。

兼。儒者說：「喜怒哀樂之未發謂之中，發而皆中節謂之和。致中和，天地位焉，萬物育焉。」愛為情感，未有善惡，善惡自如何施愛始。自私自利者不是不愛，但是只知自愛而不知愛人，故損人以利己。儒家倡導仁愛，主張「汎（與『泛』同）愛眾而親仁」。其「汎愛」的方法是「親親之殺（差別），尊賢之等（等級）」；又說「仁者人也，親親為大。義者宜也，尊賢為大」，行仁自親始，施愛由身發，行仁講義都是有差別、有次第的。儒家仁愛，猶如投石池中，波紋四漾，由近及遠，推己而及人。孟子曰：「老吾老以及人之老，幼吾幼以及人之幼。」這是「仁」的注腳。巫馬子謂子墨子曰：「我不能兼愛，我愛鄉人於越人，愛魯人於鄒人，愛我鄉人於魯

人，愛我家人於鄉人，愛我親於我家人，愛我身於吾親。以為近我也。」(《墨子‧耕柱》)這也是生動例證。汎者，即氾濫漸寬之意。墨子反對「儒者曰『親親有術(殺，差別)，尊賢有等』」(《墨子‧非儒下》)，稱這種有差別的愛為「別愛」、主別愛者為「別士」、行別愛之政者為「別君」。他認為，「別」是亂之源、天之賊：「別者，處大國攻小國，處大家亂小家，強劫弱，眾暴寡，詐謀愚，貴傲賤……是謂天賊。」(《墨子‧天志中》)墨子認為應舉自愛、仁愛俱破之，而代之以「兼愛」——「兼以易別」(《墨子‧兼愛下》)。墨子兼愛說的關鍵在「兼」，「兼」之一字，將儒、墨明顯地區別開來。

「兼」即不分彼此。行「兼」有三法：

一曰「愛人若愛其身」(《墨子‧兼愛上》)。這指的是要人們轉換認知角度，改變以我為中心、唯我獨尊的視角。如果視他人與己身為一，不忠不孝、不慈不仁和損人利己的事就不會發生。「若使天下兼相愛，愛人若愛其身，猶有不孝者乎？視父兄與君若其身，惡施不孝？猶有不慈者乎？視子弟與臣若其身，惡施不慈？故不慈不孝亡有，猶有盜賊乎？故視人之室若其室，誰竊？視人身若其身，誰賊？故盜賊亡有。猶有大夫之相亂家、諸侯之相攻國者乎？視人家若其家，誰亂？視人國若其國，誰攻？故大夫之相亂家、諸侯之相攻國者亡有。」(《墨子‧兼愛上》)視人猶己，視天下猶一家，中國猶一人，萬物猶一體。無有物我，無有彼此，誰還

爭奪？誰還戕害呢？道家齊物我，佛家去我執，無非省去小我、回歸大我，而主施者個人亦在愛人之中得到了愛：「愛人不外己，己在所愛之中。」(《墨子‧大取》)大我愛人，小我在所愛之中。程顥曰,「仁者以天地萬物為一體，莫非己也」、「仁者渾然與萬物同體」；王陽明曰,「大人者，以天地萬物為一體也，其視天下猶一家焉」。這些均與此境無二。

二曰「為彼猶為己也」(《墨子‧兼愛下》)。這指的是要轉換人們的價值觀念，改變「我」字當頭、利己主義的價值尺度。這是徹底的奉獻精神，為他人辦事就像替自己辦事一樣，為他人謀劃就像替自己謀劃一樣，自己的價值在為人服務中體現，自己的快樂亦在為大眾謀利中獲得，這就是墨子「兼愛」精神的最高形式。他說：「藉(假如)為人之國若為其國，夫誰獨舉其國以攻人之國者哉？為彼者由(猶)為己也。為人之都若為其都，夫誰獨舉其都以伐人之都者哉，為彼者猶為己也。為人之家若為其家，夫誰獨舉其家以亂人之家者哉？為彼者猶為己也。」(《墨子‧兼愛下》)唯其能摒除物我、破去我執，故能愛人猶愛其身，為人若為自己，天下眾生，莫非我群，世間萬物，莫非我與。沒有人我，沒有彼此，也就沒有對立、衝突，不會生出偏心、產生憎惡。故「兼」是實現最廣泛之愛的法則。

三曰「不黨不偏」(《墨子‧兼愛下》)。這指的是要提高人們的精神境界，改變通常以親疏遠近關係制定賞罰原則的

第五章　處世哲學：兼愛

狹隘做法。《墨子・小取》曰：「愛人，待周（普遍）愛人而後為愛人，不愛人，不待周不愛人。不失周愛，因為不愛人矣。」周愛，就是普遍熱愛一切人。只有遍愛天下人才是愛人；不能遍愛天下人，便是不愛人。能愛他人如愛自己、利他人如利自己，固已善矣。但如果於他人之中再分親疏遠近，猶是比黨偏狹之愛，猶有愛其親而疏人之親、愛其家而亂人之家、愛其國而攻人之國等不平之事發生。必出於至公無私，一視同仁，平等待人，方能從根本上避免別愛、偏愛的局限。《墨子・大取》曰：「兼愛相若，一愛相若。」兼愛就是一愛，也就是一視同仁之愛。墨子引《周詩》曰：「王道蕩蕩，不偏不黨；王道平平，不黨不偏。其直若矢，其易（平）若底（砥）。君子所履（行），小人所視。」其所引《周頌》，前四句今見於《尚書・洪範》，文字小異；後四句，今見於《詩經・小雅・大東》，文字略同。這些詩句是歌頌文王公平政治的：「古者文武為正（政），均分，賞賢，罰暴，勿有親戚弟兄之所阿。」（《墨子・兼愛下》）均分、賞賢、罰暴、親戚兄弟與攘臂之交無別，這是平等政治的基本內容。

利。梁啟超《子墨子學說》指出：「儒者常以仁義並稱，墨者常以愛利並稱。」仁和愛初無區別，但如何仁、如何愛則有區別。儒家講仁，愛有等差，故以義為原則；墨家講愛，利人至上，故愛利連言。也許墨子學說存在空想的成分，在主觀上，墨子卻是一切從實用、實利的角度出發。他說：「用

二、愛的原則

而不可,雖我亦將非之。」(《墨子·兼愛下》)實用實利就是墨子立說的出發點。墨子講兼愛,也不是空空洞洞地愛,而是與實利緊密結合。《墨子·節用中》說:「古者明王聖人所以王天下正諸侯者,彼其愛民謹忠,利民謹厚,忠信相連,又示之以利,是以終身不厭,歿世不卷(倦)。」兼愛的完整表達應是「兼相愛交相利」(《墨子·兼愛中》),故《墨子》一書常常「愛利」連言:《墨子·尚賢中》說「愛利萬民」、《墨子·尚同下》說「愛利國」、《墨子·法儀》說「相愛相利」、《墨子·兼愛下》說「愛人利人」。愛人而不利,猶之「高其爵」而不「厚其祿」一樣,不能取信於民。故墨子談「兼而愛之」時,必強調「從而利之」(《墨子·尚賢中》),主張「有力者疾以助人,有財者勉以分人,有道者勸以教人。若此則飢者得食,寒者得衣,亂者得治」(《墨子·尚賢下》)。他特別強調,統治者「興天下之利,除天下之害」(《墨子·非攻中》),為天下開闢根本大利。墨子所闡述的一切善政,都落實到為人民謀利益上來,正是對其兼愛學說的貫徹。

　　墨子兼愛是沒有差別、沒有物我的愛,是人間最博大、最徹底的古道熱腸。可以肯定地說,要實現世界大同、天下為公,非有兼愛不行,也許它是未來社會最受尊崇的道德情懷。《禮記·禮運》所載大同之世,「人不獨親其親,不獨子其子」,即「兼相愛」;「貨惡其棄於地也,不必藏於己;力惡其不出於身也,不必為己」,即「交相利」;「選賢舉能,

075

第五章　處世哲學：兼愛

講信修睦」，即「尚賢」。這些與墨子思想並無二致。儒者並不是不懂得兼愛，然而，破除我執、齊一物我，畢竟非世間法；要實行沒有差別沒有等級的愛，作為一種理想、一種信仰未嘗不可，但若要搬到世間來，斷然不行。因為既在強調無我，實際存在「我」，有我必有彼，彼我對待，就必然有等差。現實生活中實際存在等差、愛惡，就不可能完全實現兼愛。儒家主張在保存宗法制前提下實行仁愛，其方法是將心比心、推己及人。「老吾老以及人之老，幼吾幼以及人之幼」、「己欲立而立人，己欲達而達人」、「己所不欲，勿施於人」，這些看起來比墨子的「兼愛」狹隘，卻具有可行性。何況這種有限範圍內的仁愛尚且未能全面實現，遑論廣泛無私的兼愛！荀子批評說：「墨子有見於齊，無見於別。有齊而無別，則政令不施。」(《荀子·天論》)這正是針對墨學流於空想、不具有可行性說的。

第六章　世界和平：非攻

　　兼愛之說，進之則愛利天下，退之則非攻非鬥。由於兼愛反對損人利己，墨子自然而然地引申出「非攻」主張。春秋之世，離亂紛紛，家與家相篡，國與國相攻，大戰數百，小戰數千。《春秋》所記載的242年間，戰無虛日。強劫弱，眾暴寡，孟子一言以蔽之：「春秋無義戰。」戰爭喪財害義，使「飢者不得食，寒者不得衣，勞者不得息」（《墨子‧非樂》），社會生產受到嚴重破壞，人民生活不得安寧，統治者也無法實行正常統治。是故宋國執政華元、向戌奔走晉楚之間，倡為「弭兵」之會。雖然「弭兵大會」不過是政治家進行下一步霸權爭奪的權宜之計，但這種口號的提出以及在一定程度內的施行，本身已表明了從上到下的厭戰情緒。墨子生當斯世，目睹斯情，哀生民之多艱，憫弱小之無助，進而在理論上為消滅戰爭做出了思考。

　　墨子非攻，不是簡單地反對打仗、空洞地宣傳和平，而是對戰爭的起因進行了詳細的分析。歷考天下戰爭發生的原因，墨子認為發生戰爭的理由大致有四：一是以戰爭為義，二是以戰爭謀利，三是以戰爭成名，四是以戰爭擴張。墨子說四者皆誤，並針鋒相對地進行了批駁。

第六章　世界和平：非攻

一、春秋無義戰

天下存在正義戰爭，但許多非正義之戰也是假「正義」之名來進行的。孟子說：「春秋無義戰。」墨子亦曰然。在《墨子・非攻》三篇文字中，墨子嚴格區分正義與非正義，稱正義之戰為「誅」，而非正義之戰為「攻」。墨子歌頌正義的「誅」，反對非正義的「攻」，對攻伐無罪之國者尤其深惡痛絕。

人們在做一件事之前，都要問個該不該。治國亦然，出政發令必須考慮義與不義（即宜與不宜）——「必慎慮其義，而後為之行」（《墨子・非攻下》）。「義」考慮好了，行動起來就不會有疑問，遠近親疏各得其所。那麼什麼是「義」呢？墨子說：「義，利也。」（《墨子・經上》）這個可稱得上「義」的「利」，不是純粹自私自利，而是廣博的利，即利天、利鬼、利人：

今天下之所譽義者，其說將何哉？為其上中天之利，而中中鬼之利，而下中人之利。（《墨子・非攻下》）

那麼，戰爭是否有「三利」呢？回答是否定的。墨子描述當時殘酷的戰爭說：今王公大人、天下諸侯處心積慮地選擇壯夫健材，製造堅甲利兵，「攻伐無罪之國。入其國家邊境，芟刈其禾稼，斬其樹木，墮其城郭，以湮其溝池，攘殺其牲牷，燔潰其祖廟，勁殺其萬民，覆其老弱，遷其重器。卒進而柱乎鬥，曰：『死命為上，多殺次之，身傷者為下。』」又況

失列北橈乎哉？罪死無赦」(《墨子‧非攻下》)。攻伐無罪之國，殺戮無罪，連老弱也不放過；破壞莊稼，毀壞城池，將人家的國寶搬走，簡直與江洋大盜無別！兩兵相接，還發出號令：戰死者記一等功，殺敵多者記二等功，負傷者記三等功；敗逃者「罪死無赦」。人性扭曲到了何等程度！這種「兼國覆軍，賊虐萬民，以亂聖人之緒（業）」(《墨子‧非攻下》)的侵略戰爭，能夠視之為義嗎？

戰爭既不義，為什麼人們還要樂此不疲呢？驅動戰爭的內在動力不外乎一個「利」字。那麼戰爭果真有利可圖麼？墨子的回答是否定的。

首先不利於天。「夫取（聚集）天之人，以攻天之邑，刺殺天民，剝振神之位，傾覆社稷，攘殺其犧牲，則此上不中天之利矣。」(《墨子‧非攻下》)《墨子‧法儀》說：「天下無大小國，皆天之邑也；人無長幼貴賤，皆天之臣也。」城為天之城，人為天之人，以天的一部分臣民攻天之邑，殺天的另一部分臣民；又掀翻供奉天的神位，搶走奉獻天的犧牲。這難道符合天的利益嗎？

其次不利於鬼。「夫殺之人，滅鬼神之主，廢滅先王（之緒），賊虐萬民，百姓離散，則此中不中鬼之利矣。」(《墨子‧非攻下》)民者鬼神之主，殺人滅主，鬼無血食；萬民遭劫，百姓離散，神廟冷落。這哪裡符合神鬼的利益呢？

第六章　世界和平：非攻

最後不利於人。「殺人以為利人也博（悖）矣，又計其費，此為周生之本，竭天下百姓之財用，不可勝數也，則此下不中人之利矣。」(《墨子・非攻下》)

可見，侵略戰爭對天不利，對鬼不利，對人也不利。一舉而有三不利，就是天下之大不義。

二、善戰者服上刑

縱觀古今的戰爭，攫取財富、掠奪人口、擴張土地是其主旋律。墨子說，以戰求利不過是戰爭狂人利令智昏、一廂情願而已。他認為攻伐之害有四：一曰違時害農本，二曰費事搖國脈，三曰費財空國庫，四曰得地喪人民。

墨子曰：「今師徒唯毋興起，冬行恐寒，夏行恐暑，此不可以冬夏為者也。春則廢民耕稼樹藝，秋則廢民獲斂。今唯毋廢一時，則百姓飢寒凍餒而死者，不可勝數。」(《墨子・非攻中》)冬夏有寒暑，興師則有寒凍暑疫之患，故《司馬法・仁本》曰「冬夏不興師」；春秋要耕穫，興師則使人民農作失時，故《禮記》曰「春秋不起兵」。四季之中，無論哪一個季節都不宜興師。

老子曰：「師之所處，荊棘生焉；大軍之後，必有凶年。」此喪時以害農也。

二、善戰者服上刑

　　為了進行戰爭,必準備「三軍之用,甲兵之備」(《墨子・非攻下》),比如「竹箭、羽旄、幄、甲盾」,以及「矛、戟、戈、劍、乘車」,「比列而往,碎折靡弊而不反(返)者,不可勝數」。為了轉運糧草,「牛馬肥而往,瘠而反,往死亡而不反者,不可勝數」。為了戰爭,「國家發政,奪民之食,廢民之利,若此其甚!」舉國人力投入戰爭,舉國物力服務戰爭。如果失敗了,自然喪財敗師,亡國破家;即便勝利了,也是元氣大傷,得不償失。所奪取的土地,是在犧牲大量人力物力後換來的一片空城荒地,故「計其所勝,無所可用也;計其所得,反不如所喪者之多」(《墨子・非攻中》)。此喪財以空國也。

　　投身戰爭,必然大大影響國家政務和人民生產。墨子列舉謀求戰爭勝利的十二大要素說:將軍要勇猛、戰士要同仇敵愾、武器要鋒利、訓練要有素、軍隊人數要足夠多、士兵要團結、恩威足以服眾、殘害敵方要久、奪取戰機要迅速、將人民緊緊拴在戰車上、鬥志堅決、盟國無二心。如果在戰鬥時,有一事不具,就會被敵人鑽漏洞。但是若「偏(遍)具此物而致從事焉,則是國家失本,而百姓易務也」(《墨子・非攻下》)。進行一次中等戰役,投入戰鬥的國家優秀人才(「君子」)不下數百,供戍衛的貴族子弟(「庶子」)不下數千,步兵徒眾必上十萬,還有轉運糧餉的老幼婦弱。從戰爭開始到結束,短則數月,久則數年,必使「上不暇聽治,士不暇治其官府,農夫不暇稼穡,婦人不暇紡績織紝」。遂使

第六章　世界和平：非攻

「國家失本，百姓易務」。國不務治，農不耕桑，婦不織紝，何以立國？此費事以傷國脈也。

老子曰：「夫佳（唯）兵者，不祥之器也。」戰爭是血與火的較量，敵我雙方都難免喪亡。孟子描述當時戰爭之殘酷，說：「爭地以戰，殺人盈野；爭城以戰，殺人盈城。」墨子亦曰：「今攻三里之城，七里之郭……殺人多必數於萬，寡必數於千，然三里之城，七里之郭且可得也。」（《墨子·非攻中》）除了戰鬥戰死者外，還有因飢寒、凍餒、疾病怨死者，「不可勝計」（《墨子·非攻下》）。「白骨露於野」、「鎧甲生蟣蝨」並不是後世戰爭才有的現象。孟子說「此所謂率土地而食人肉，罪不容於死！」在地廣人稀的古代社會，用殺使人民喪的辦法來拓展土地是十分不划算的：「然則土地者，所有餘也；王民者，所不足也……棄所不足，而重所有餘。」（《墨子·非攻中》）此得無用之地而喪有用之民。

治國要務，不外乎「富其國家，眾其人民，治其刑政，定其社稷」（《墨子·尚同中》，又見《墨子·耕柱》）。可是，這些目標透過戰爭達到了嗎？沒有！它傷害農本、影響政務、耗費資財、殺傷人民，並不能帶給諸侯們希望得到的東西。若以戰而求治，正如緣木求魚，永遠也辦不到。越是攻伐，離「國富」、「刑治」、「民眾」的目標就越遠。墨子說攻伐為「天下之巨害」，孟子說「善戰者服上刑」，可見墨、孟反對戰爭的觀點是一致的。

三、樂殺人者，不可得志於天下

又有戰爭狂人，視戰爭為建功立業、成仁企聖的終南捷徑。他們或者說「我非以金玉、子女、壤地為不足也，我欲以義名立於天下，以德求諸侯也」，或者以「昔者禹征有苗，湯伐桀，武王伐紂，此皆立為聖王」(《墨子‧非攻下》)為藉口，欲加仿效。

墨子指出，這些說法都是錯的，「未察吾言之類，未明其故者也」。類即類別，故即原因。同為戰爭，但類別不同，原因各異。禹征三苗、湯伐桀、武王伐紂，都是伐其有罪，振救斯民，孟子稱之為「弔民伐罪」。墨子說：「彼非所謂攻，所謂誅也。」(《墨子‧非攻下》)而「好攻伐之君」進行的戰爭則與之相反，他們「攻無罪之國，殺無辜之民」。二者進行的不是同一類型的戰爭，怎麼可以同日而語呢？

墨子指出，如果想透過攻伐來立功、立名，就像童子跨著竹竿當馬騎，必定徒勞無益：「大國之攻小國，譬猶童子之為馬也。童子之為馬，足用而勞。今大國之攻小國也，攻者（被攻者）農夫不得耕，婦人不得織，以守為事；攻人者亦農夫不得耕，婦人不得織，以攻為事。故大國之攻小國也，譬猶童子之為馬也。」(《墨子‧耕柱》)

義行義舉則不然。墨子說如果有人真正能以義立名、以德服人，「天下之服，可立而待也」。如何是義，如何是德

呢？不外乎兼愛和互助：

「大國之不義也，則同憂之；大國之攻小國也，則同救之。」──反對戰爭，主持國際公道，提倡世界和平；

「小國城郭之不全也，必使修之；布粟乏絕，則委之；布帛不足，則共（供）之。」──實行兼愛互利的國際主義原則；

「以此交大國，則小國之君說（悅）。」──執行平等互惠的外交政策；

「人勞我逸，則我甲兵強。」──以逸待勞，加強國防；

「寬以惠，緩易急，民必移。易攻伐以治我國，功必倍。」──修齊內政，利國利民，攘外必先安內；

「量我師舉之費，以爭諸侯之斃，則必可得而享利焉。」──利用國際矛盾打擊侵略者；

「督以正，義其名，必務寬吾眾，信吾師。以此援諸侯之師，則天下無敵矣。」──以仁義之師支持正義戰爭，仁者無敵於天下。

反對侵略、國際互助、平等互惠、加強國防、內修政理、利用國際矛盾、支持正義戰爭，實行這些外交政策和策略，才能達到「立義名」、「以德勝」的目的。孔子說：「遠人不服，則修文德以來之。既來之，則安之。」孟子說：「仁人無敵於天下。」這些話與墨子「以德懷服」的思想是相通的。

非攻並不是絕對不要戰爭，也不是拱手把大好河山讓給

敵人,而是指運用和平手段,避免戰爭的痛苦,達到戰爭所達不到的目的。和平外交,「其為利天下,不可勝數也。此天下之利,而王公大人不知而用,則此可謂不知天下之巨務矣」。放著成功立名的輕便路子不走,硬要走費力不討好的攻伐之道,豈不愚蠢!

《老子》曰:「以道佐人主者,不以兵強天下,其事好還……」又說:「兵者不祥之器,不得已而用之。樂殺人者,不可得志於天下。」儒、墨、道三家祖師都提倡仁德、反對戰爭。

四、玩火者必自焚

又有貪婪之君,撕下偽善正義的面具,赤裸裸地宣稱,將以戰爭開疆拓土:

飾攻戰者言曰:「南則荊、吳之王,北則齊、晉之君,始封於天下之時,其土地之方未至有數百里也,人徒之眾未至有數十萬人也。以攻戰之故,土地之博至有數千里,人徒之眾至有數百萬人。故當攻戰而不可為也。」(《墨子‧非攻中》)

這真是強盜的邏輯!某人以偷致富,天下豈可奉偷為致富之常法?墨子駁曰:「古者天子之始封諸侯也,萬有餘;今以併國之故,萬國有餘皆滅,而四國獨立。此譬猶醫之藥

第六章　世界和平：非攻

萬有餘人，而四人愈也，則不可謂良醫矣。」(《墨子·非攻下》)攻戰使齊、晉、楚、越四國強大起來，但攻伐使更多的國家滅亡。得利者少，失利者多，豈可以作為天下之常道哉？

況且，歷史上因好戰而亡國的例子更是比比皆是。從前東方有莒國，「不敬事於大國」，挑釁魯齊等國，結果被越與齊國所滅；此外，如南邊的陳蔡亡於楚越、北邊的且與不屠何亡於燕代胡貉，它們都是戰爭的受害者。即便一時以攻戰得手的國家，因一味窮兵黷武，結果走上敗滅道路的也不在少數。吳國經吳王闔閭、夫差兩代經營，北攻齊，東伐越，西敗楚，揚威三江五湖，「九夷之國，莫不賓服」；但因不知愛民惜力，「退不賞孤、施捨群萌（民）」，一味自恃武功，炫耀智慧，政教不修，後被越王勾踐趁機滅掉。晉卿智伯是六卿中勢力最強的一家，先滅中行氏、范氏，不可一世，又舉兵圍攻趙襄子，咄咄逼人；結果韓魏與趙氏聯合，裡應外合，打敗了智伯。由此可見，玩火者必自焚，戰爭實在「不吉而凶」，是危道險招，不可擅玩。

墨子非攻有三個特點。一是反對侵略戰爭。墨子說：「國家務奪侵凌，則語之以兼愛非攻。」(《墨子·魯問》)非攻學說就是專門針對喜歡侵略的人發表的。在《墨子·非攻下》中，他嚴格區分「攻」與「誅」的不同，痛詆「攻無罪之國，殺無辜之民」的侵略行為，將這種行為斥之為不仁不義，是

「天下之巨害」,並極力呼籲世界和平、國際互助。這是正面的,也是進步的。

二是支持正義戰爭。墨子熱情歌頌禹征有苗、湯伐桀、武王伐紂的正義戰爭,主張弔民伐罪,認為那是合天心、利人鬼的正義行為。這就與宋襄公似的愚蠢行為區別開了,使其非攻主張具有實踐意義。

三是主張積極防禦,重視城防。《墨子·七患》說:「故備者國之寶也,兵者國之爪也,城者所以自守也,此三者國之具也。」墨子視武備、軍隊、城防為國之三寶。墨子知兵善守,屈公輸、挫齊楚,成功抑止了戰爭的爆發。墨家弟子亦人人勇敢、個個知戰;《墨子·備城門》以下各篇就是墨派善於守禦的經典著作。

但是,與當時其他思想家一樣,墨子對於戰爭同樣缺乏科學分析,他僅從實利的角度來說明戰爭的危害。如果從戰爭耗費社會整體財富看,茲說不無可取;但從戰勝一方看,戰利品的掠取未嘗不是滿足人們貪欲的一大契機。所以,不管墨子把戰爭說得多麼可怕、多麼殘酷,仍然不能止息戰爭。進入戰國後,戰爭更為頻繁,而且規模更大、手段更殘忍。墨子以防禦為目的的城守技術反而成了侵略者殺人的利器,「秦之墨者」在秦國的得志,可能與其善於「兵技巧」有關。在後學那裡,墨子非攻說反成了攻人者的幫凶,其為說之未善,舉可知矣。

/ 第六章　世界和平：非攻

第七章　生財之道：節用

　　曹耀湘研究墨子，以為「兼愛」、「勤」、「儉」是墨學的三大內容。「兼愛」是其道德倫理、政治思想的基礎，尚賢、尚同、非攻都由此生出。「勤」和「儉」是生財之道和用財之道，屬於經濟學範疇，舉凡節用、節葬、非樂諸說也都由此生出。墨子說：「國家貧，則語之節用、節葬。」（《墨子‧魯問》）針對窮國，墨子教給他們見效快、惠而不費的辦法，即厲行節約、減少開支。當時社會，國家不富，人民不多，刑政不治，可以說是所有諸侯國面臨的嚴峻現實，因此「節用說」對各國都具有普遍意義。更進一步說，人欲無限，財富有極，生之者不足，而靡之者無度，就是再發達的社會也會困窘。從這個意義上說，墨子節用說舉天下萬國，通上下古今，都具有警誡作用。

一、實用‧實利‧制度‧文章

　　節用、實用、實利是哲學基礎，一切從是否合用、是否實惠出發。墨子講兼愛，相當程度上就是從實利、實惠角度考慮的。關於此點，前已論及，茲不復論。他講經濟問題，更是將實用、實惠作為衡量一切的尺度。從衣食住行到制度

第七章　生財之道：節用

文章,概莫能外。凡合乎實用、具有實利者就是合理的,值得保留。反之,凡不合乎實用、沒有實利的,就是不合理的,應當取締。《墨子‧經上》曰:「義,利也。」義就是有利於人,如果義不利於人,他也是要反對的。而如果有利,即使不被訛為「義」,墨子也要認定為「義」。在墨子的語言辭典中,「義」、「利」可以互訓。金景芳指出:「墨子認為『有用就是真理』,他並不考慮實際上是不是真理。」(金景芳著《古史論集》)注重實用是墨子的消費觀,也是整個墨學的特點。他用這把尺來審察古今、衡量一切,一點也不苟且。

1. 生活的原則 —— 儉

墨子說,舉凡人類的制度文章,包括衣食住行、飲食男女、車馬舟船,都是起源於人生的需求,而這種需求又以保證生存、生產和繁衍的最低要求為限度。他說:

古人還不知道建造房屋,只是靠著山坡打個洞穴居住,由於地氣潮溼對人體有害,因此聖王發明了房屋建造技術。聖王建造房屋的原則是:「室高足以辟(避)潤溼,邊足以圉風寒,上足以待雪霜雨露,宮牆之高足以別男女之禮。謹此則止」,「聖王作為宮室便於生,不以為觀樂也」。統治者也不例外。由於工程簡單,容易建造,人力財力都不難承受:「以其常役,修其城郭,則民勞而不傷;以其常正(徵),收其租稅,則民費而不病。」(《墨子‧辭過》)

090

一、實用‧實利‧制度‧文章

　　古人不知製衣服,用獸皮為衣,以草繩為帶,既不輕便,又不合乎節令。聖王認為這不合人民的生活需求,故教誨婦人纂絲績麻、織布紡絹,以為民衣。製衣服的原則是:「適身體,和肌膚。」冬日穿絲,「足以為輕且暖」;夏日衣麻,「足以為輕且清」,「謹此則止」。「作為衣服帶履便於身,不以為辟(僻)怪也。」衣著簡便,欲望陋淺,「其民儉易治,其君用財節而易贍」,「府庫實滿,足以待不然(不虞之災)」。

　　古人還不知道熟食五穀,吃草茹果,為了求食,人們滿山遍野地奔走。聖王教人們「耕稼樹藝」,以五穀為食。飲食原則是:「足以增氣充虛,強體適腹而已矣。」因此,「其用財節,其自養儉,民富國治」。

　　古人還不知道舟車之利,重的東西拿不動,遠的東西搬不來。聖王創造了舟車以方便人民生活。製車原則是:「完固輕利,可以任重致遠。」因此,「用財少,而為利多。是以國樂而利之,法令不急而行,民不勞而上用足」。

　　在男女婚姻問題上,也是出於民情和生殖的考慮。遍尋天地之間、四海之內,天地相合、陰陽相配的原理處處存在。他說,考之古書:天地有上下,四時有陰陽,人情有男女,飛禽有雄雌,走獸有牝牡,這是自然現象,先王也無法更改。上世聖人,雖然蓄娶媵妾,但不損害人民的基本慾望,「宮無拘女,故天下無寡夫;內無拘女,外無寡夫,故天下之人民眾」。(以上俱《墨子‧辭過》)

/ 第七章　生財之道：節用

　　一切都從人民實際需求出發，一切都以滿足人民生存、生產、生殖的最低要求為限度。掌握這一限度，不外乎「儉節」二字。故儉節適於用，便於利。不儉節，不便於用，不合於利，這就是淫佚。夫婦節而天地和，風雨節而五穀熟，衣服節而肌膚暖，舟車節而便於用，宮室節而適於生。五者皆節，故財易供、力易足，「民費而不病，民勞而不傷」。「儉」之一字，乃實現「霸王之業」的祕要所在。

2. 失敗的教訓 —— 奢

　　在社會生產力十分低下、社會財富還不充裕的古代社會，人們的生產所獲僅能滿足最低限度的生存之需，即解決溫飽問題。管子說「倉廩實」和「衣食足」是社會文明的必要基礎；孔子說「足食」是為政三策之首；孟子描述比較理想的生活景況是，「仰足以事父母，俯足以畜妻子，樂歲終身飽，凶年免於死亡」（《孟子・梁惠王上》）。這些思想家並不是不希望過奢華的日子，但當時生產力有限，只能滿足最低限度的生存條件。墨子講經濟問題，首先重視的也是人民對最低限度的生存資源的獲取。為了保證人民最低限度的生存資源不被剝奪，他希望統治者不要為了一己的奢侈，而「必厚作斂於百姓，暴奪民衣食之財」，以免饑荒時發生人民流離失所的悲劇。為此，他在考察古代聖王以「儉」精神制定衣食住行等制度的同時，尖銳指出「當今之主」的奢侈行為，是國家貧困、人民反叛、天下

一、實用・實利・制度・文章

混亂的根源，提出了統治者「節用」的主張：

當時，宮室建造違背了「聖王作為宮室以便於生」的古訓，遠遠突破了「避潤溼，圉風寒，別男女」的基本要求。統治者為了享受，「必厚作斂於百姓，暴奪民衣食之財，以為宮室臺榭曲直之望，青黃（彩色）刻鏤（雕刻）之飾」。上行下效，君主如此，其「左右皆法象（效法）之」，競為奢華。「是以其財不足以待凶飢、振孤寡，故國貧而民難治也。」

服飾制度也與聖王「適身體，和肌膚」之訓背離，冬日輕裘，夏日絺葛，尚不滿足，還要「厚斂暴奪」，「以為錦繡文采靡曼（鮮豔）之衣，鑄金以為鉤，珠玉以為佩」。於是使「女工作文采，男工作刻鏤」。這些東西並不會使人冬溫、夏涼，不過無謂消耗財力。他們製作衣服不是為了身體的實際需求，而是為了「觀好」（美觀）。追求奇觀玩好不僅浪費人力財力（「單財勞力」），還會使君主養成追求享受（奢侈）、人民講究奇技淫巧的墮落風氣（淫僻），「以奢侈之君禦淫僻之民，欲國無亂，不可得也」。

在飲食上，「當今之主」早已拋棄了古代聖王「增氣充虛，強體適腹」的原則，「厚作斂於百姓，以為美食」。他們大講排場，鋪張浪費：「大國累百器，小國累十器，前方丈。目不能遍視，手不能遍操，口不能遍味。冬則凍冰，夏則餲飴。」杯盤碗碟排滿方圓一丈的食案。眼睛看不過來，手端不了，口嘗不盡；冬天冰凍，夏天餿酸。這哪裡有益於身體

093

第七章　生財之道：節用

健康？「人君飲食如此，故左右效之」，於是「富貴者奢侈，孤寡者凍餒。雖欲無亂，不可得也」。

在車輛使用上，「當今之主」已經有了效能完好、製造堅固、輕巧便利（「完固輕利」）者可以代步了，但還要裝飾華麗，「厚作斂於百姓，以飾舟車」。他們「飾車以文采，飾舟以雕鏤」。女子生產文采，不能紡績，故人民受寒凍；男子從事雕刻，而影響農業，故人民饑荒。君主如此，大臣亦然。人民飢寒交迫，遂鋌而走險，「故為奸邪」，「奸邪多故刑罰深，刑罰深則國亂」。

更不近人情的是君王的後宮之制，三宮六院，「大國拘女累千，小國累百」。君王哪能遍及成百上千的宮女呢？不過製造大量的怨女曠夫，影響人口的增殖而已：「是以天下之男多寡無妻，女多拘無夫。男女失時。故民少。」（以上《墨子·辭過》）

以上是君主在世的享受。這還不算，他們「生時治臺榭，死又修墳墓。故民苦於外，府庫單（殫）於內。上不厭其樂，下不堪其苦」（《墨子·七患》）。

墨子認為，「當今之主」的過度奢侈，是造成國家貧困、民力凋敝、人口減少、餓殍遍野、社會混亂的根本原因。富貴者的奢侈是建立在剝削貧困者基礎上的，統治者的歡樂是以被統治者的痛苦為代價的。這是一切削剝社會普遍存在的罪惡現象。老子曰：「民之飢，以其上食稅之多。」因此，墨子奉勸「君誠欲天下治而惡其亂」，「當為宮室不可不節」，「當

為衣服不可不節」,「當為飲食不可不節」,「當為舟車不可不節」,「當蓄私(置媵妾)不可不節」(《墨子・辭過》),其為葬也不可不節,其為樂也「不可不禁而止」(《墨子・非樂上》)!

君王減少嗜慾則人民得以自飽,嗜慾一節則天下治,主張君權至上的法家也不得不承認這一點。李斯說:「凡古聖王飲食有節,車器有數,宮室有度,出令造事,加費而無益於民利者禁。」(《史記・李斯列傳》)儒家對此更是同調,孔子曰:「節用而愛人,使民以時。」有人說墨子的節用、節葬只是對王公大人做消極的限制,對人民沒有直接好處,這種批評是非常片面的。

對於貧窮國家和處於水深火熱中的人民來說,墨子「節用」說確實是非常必要的,也是十分迫切的。但是,我們也應看到,他必欲王公大人在衣食住行等方面都返回到所謂聖王定制的原始階段去,這不僅不可能,並且是不可取的。在這個問題上,儒家與墨家是有分歧的。儒家主張「節用而愛人」,但是也承認等級差別,認為各個等級在物質享受上和生活消費上有所區別是必要的。儒、墨同稱讚大禹,「墨子稱道曰:『昔者禹之湮洪水,決江河,而通四夷九州也,名山三百,支川三千,小者無數。禹親自操橐耜,而九雜天下之川,腓無胈,脛無毛,沐甚雨,櫛疾風,置萬國。』」(《莊子・天下》)墨子所取大禹精神是勤和儉,所以要求「後世之墨者,多以裘褐為衣,以跂蹻為服,日夜不休,以自苦為

第七章　生財之道：節用

極。曰『不能如此，非禹之道也』」(《莊子・天下》)。儒家不盡如此。孔子曰：「禹吾無間然矣！菲飲食，而致孝乎鬼神；惡衣服，而致美乎黻冕；卑宮室，而盡力乎溝洫。禹吾無間然矣！」(《論語・泰伯》)儒家所取大禹精神除了勤、儉外，還有禮制。「致孝鬼神」、「致美黻冕」，正是對禮制的愛好、對文明的嚮往。過奢越禮固然可非，但是過儉不中禮也不是恰當的做法。管仲有三歸，過制，孔子譏其非禮；孫叔敖太儉，妻妾不衣帛、不中禮，孔子亦為之嘆息。太侈過禮，太儉不及禮，過與不及都不可取，要按禮制行事、依等級消費，文質彬彬，然後君子。墨子以人類原始的生活水準來要求一切人，將一切超出生存需求的規章制度都視為不合理，都將節而儉之；將不同等級的物質享受均一齊等、抹滅階級差別，這又陷入了實際上辦不到的絕對平均主義泥坑。荀子說：「墨子蔽於用而不知文。」又說：「上功用，大儉約，而僈差等。」(《荀子・非十二子》)又說：「墨子有見於齊而無見於畸，有齊而無畸，則政令不施。」(《荀子・天論》)這些就是針對其經濟上的絕對平均主義而言的。

二、利國・利民・備戰・備荒

墨子衡量一切東西都是看其是否有用、是否有利。他說：「用而（若）不可，雖我亦將非之。」(《墨子・兼愛

下》）——以可不可用作為是非善惡的標準。他又說：「故所為巧，利於人謂之巧，不利於人謂之拙。」（《墨子‧魯問》）雖然公輸般能削木鳶三日飛而不下，但墨子以為不如車轄之有用——以有不有利來衡量可不可用。「凡言動，利於天鬼、百姓者為之；凡言動，害於天鬼、百姓者舍之。」（《墨子‧貴義》）甚至連語默、靜動都有實用的考慮：「必去六辟（僻）。默則思，言則誨，動則事。使三者代御（用），必為聖人。去喜、去怒、去樂、去悲、去愛、去惡，而用於仁；手足口鼻耳目，從事於義，必為聖人。」（《墨子‧貴義》）之所以要去掉喜、怒、樂、悲、愛、惡，就是因為它們是私情，無益於行仁行義、成賢成聖。可用和有利就是墨子判斷事物的價值尺度。這一原理運用於經濟領域，就是凡勞力付出或財產消耗能夠帶來更大利益者，就是合理的；而得不到實際利益者，則是不合理的。《墨子‧辭過》中的「凡費財勞力不加利者不為也」，即此意。比如，「為衣裳之道，冬加溫，夏加清（涼）者芊（祥），鮮（稍）不加者去之」（《墨子‧節用上》）。可是「當今之主」追求「錦繡文采靡曼之衣」，「單（殫）財勞力」，卻不能冬加溫、夏加涼，「非為身體，皆為觀好」，「畢歸於無用」（《墨子‧辭過》）。這種人力物力的消耗是不值得的，因而必須取締。同理，如果賞不得其人，發揮不到勸善目的，也是浪費。墨子將其定為為政「七患」之一：「先盡民力無用之功，賞賜無能之人，民力盡於無用，財寶虛於待客，三患

第七章　生財之道：節用

也。」(《墨子・七患》)

　　墨子所謂利，不是統治者一己之私利，而是以人民為本位的公利。是否有利還要看其是否便於人民，如果於民有損，就是對統治者有利也算不得善事。他主張「便民用財也，無加用而為者」(《墨子・節用上》)，使用財物要考慮是否對人民有利，不要增加用度和興師動眾。他又說：「凡足以奉給民用則止，諸加費不加於民利者，聖王弗為。」(《墨子・節用下》)凡舉事，如果對人民有利，不妨取民之財以為之；如果與人民無關，就不能耗費民財。比如，墨子認為，音樂不能像車馬舟船一樣，具有讓「君子息其足，小人休其肩背」的實利，純粹是無益的浪費，所以他主張「禁止」(《墨子・非樂上》)。厚葬久喪，於死者不加利，於生者則有害，所以他主張「節葬」(《墨子・節葬下》)。至於王公大人的珍奇玩好、珠寶金玉，更是飢不能食、寒不能衣，對人民更沒什麼好處，所以他主張變無用為有用。「有去王公大人之好聚珠玉鳥獸犬馬，以益衣裳、宮室、甲盾、五兵、舟車之數。」(《墨子・節用上》)

　　由此可見，墨子講節用，主要是針對王公大人們的奢侈來說的，他要節去的內容，多是於民無利、於財有損的「超級享受」。

　　墨子講經濟，以節用為根本大法。他說：「聖人為一國，一國可倍(翻番)也；大之為政天下，天下可倍也。其倍之，

非外取地也,因其國家,去其無用之費,足以倍之。聖王為政,其發令興事,便民用財也,無不加用而為者,是故用財不費,民德(得)不勞。」(《墨子·節用上》)墨子認為使國民總收入翻番的辦法,不是侵略、外取之於人,而是在本國內講節約,減掉與生存無關的費用,即使生產沒有增加,國庫積儲也會成倍增長。

但是,節用並不是墨子經濟學說的全部內容。節用只是墨子經濟思想中關於消費部分的內容,是為從事新的經濟活動純化人心、累積資金的手段;節用還可以培養人們節儉的生活作風和純樸的民風。《墨子·辭過》曰:「得其所自養之情而不感於外,是以其民儉而易治,其君用財節而易贍也。」老子說:「不貴難得之貨,使民不為盜;不見可欲,使民心不亂。」又說:「難得之貨,使人行妨。人多伎巧,奇物滋起。」

墨子的生財之道,大致有三:一曰重本去末,二曰重視勞動,三曰發展人口。

1. 重本去末

墨子尤其重視本業,即農業。農為立國之本,工為富國之道;無農無以立國,無工無以致富,古今皆然,於古猶然。糧食貴於珠玉,絲麻重於玩好,這應該是極普通的道理。可是在君主制時代,昏君在飽食暖衣之後,只一味揮霍享受,「厚作斂於百姓,暴奪民衣食之財」,影響人民的物質

第七章 生財之道：節用

生產。民不聊生，國無積貯；倘遇兵荒水旱，人民轉死溝壑，社會一片混亂。對此，歷代思想家都規勸統治者，要他們以人民生計為重。相傳箕子述〈洪範〉，其中「八政」，「一曰食，二曰貨」，以食居首。子貢問政於孔子，孔子對曰「足食、足兵、民信之」，食居兵先。孟子對梁惠王，亦以「治民之產」為務。墨子出身平民，對糧食與民生關係的重要性，自然體會甚深。他說：「凡五穀者，民之所仰也，君之所以為養也。故民無仰則君無養，民無食則不可事（使）。故食不可不務也，地不可不力也，用不可不節也。」（《墨子·七患》）民以食為天，糧食是聚民的最低限度條件。無食無糧，雖慈母不能保其子，君主又怎麼能使喚其民呢？因此，他將「畜種菽粟，不足以食之」視為國家「七患」之一，要求重視糧食生產：「且夫食者，聖人之所寶也。」孔子將「足食、足兵、民信」視作為政三寶；墨子亦認為：「食者，國之寶也；兵者，國之爪也；城者，所以自守也。此三者，國之具也。」（《墨子·七患》）墨子將「食、兵、城」視為立國三具，與孔子同趨。

2. 鼓勵生產

在《墨子·非樂上》中，墨子指出要重視勞動，主張以勞動求生存，反對寄生生活。

他認為，人之所以為人，就在於能夠勞動。他說，禽獸

以其羽毛為衣,以其蹄爪為絝屨,以天然之水草為食,一切皆得之自然,取之自然,用不著勞動,而「衣食之材已具」。人卻不同,必須自己進行勞動生產,為了求得生存,必須「竭其股肱之力,亶(殫)其思慮之智」。人人都應接受「分事」,即社會分工。於是,墨子提出「賴其力則生,不賴其力則死」。《墨子·節用中》號召天下百姓「各從事其所能」。《墨子·耕柱》又以築牆為喻,說:「譬若築牆然,能築者築,能實壤者實壤,能欣(掀)者欣,然後牆成也。為義猶是也:能談辯者談辯,能說書者說書,能從事者從事,然後義事成也。」「築牆」講的是從事體力勞動,亦即「竭其股肱之力」;「為義」講的是從事腦力勞動,亦即「亶(殫)其思慮之智」。連繫《墨子·非樂上》所說,即是人人勞動、各盡所能。莊子稱讚「墨者必自苦」,「將求之而不得也,雖枯槁而不捨也」(《莊子·天下》),墨家是崇尚勞動並身體力行的「力行」學派。墨子認為不勞而獲者將受懲罰,「不與其勞獲其實,非其所有而取之」(《墨子·天志下》),「上得則罰之,人聞則非之」,務使整個社會養成人人愛勞動、個個盡其力的良好風尚。墨子既強調了人盡其能的必要,又肯定社會分工的合理性。荀子批評「墨子大有天下,小有一國,將少人徒,省官職,上功勞苦,與百姓均事業,齊功勞」(《荀子·富國》)。他認為墨子欲使王公大人與百姓同業,是對墨子學說的歪曲。

3. 發展人口

　　加強生產，以時生財，都必須在有充足的勞動生產力條件下才能進行。因此戶口多寡一直是國力強盛與否的象徵之一，古代社會尤其如此。很多思想家、政治家都把發展人口作為強國富民的重要手段。管子對桓公問政，曰：「遂滋民。」孔子與冉有論政，曰：「庶矣。」越王勾踐提倡早婚和鼓勵生殖。墨子也將「人民之眾」視為與「國之欲富，政刑欲治」同等重要的大政方針。他甚至認為，宮室、甲兵、舟車等物質財富不難聚集，唯有人口難以增長。「孰為難倍？唯人為難倍」（《墨子·節用上》），原因是統治者政策失誤會影響人口的增長。他分析人口「難倍」的因素是貧窮、戰爭和瘟疫，而製造貧窮、戰爭的直接原因又是「為政者」的弊政：

　　今天下為政者，其所以寡人之道多，其使民勞；其籍斂厚，民財不足，凍餓死者，不可勝數也。且大人唯毋興師，以攻伐鄰國，久者終年，速者數月，男女久不相見，此所以寡人之道也。與居處不安，飲食不時，作疾病死者，有與侵就（蹴）援橐，攻城野戰死者，不可勝數。此不善為政者所以寡人之道，數術而起與？（《墨子·節用上》）

　　此外，違反人性的後宮之制，也是造成人口增長率不高的重要原因。諸侯蓄私「累百、累千」，使「男女失時，故民少」。這與春秋初年管仲所說的「上有積財，則民必匱乏於下；宮中有怨女，則有老而無妻者」（《韓非子·外儲說·右

二、利國‧利民‧備戰‧備荒

下》)是同一道理。

墨子認為，久喪也是影響生殖的一大陋俗，因其「敗男女之交多矣」。墨子認為既要久喪，又欲求眾，「譬猶使人負劍（飲劍）而求其壽也」(《墨子‧節葬下》)。

墨子還提出了旨在便於人口增長的新婚姻法，說：

> 昔者聖王為法，曰：『丈夫年二十，毋敢不處家（結婚成家）；女子年十五，毋敢不事人（出嫁）。』此聖王之法也。(《墨子‧節用上》)

《韓非子‧外儲說‧右下》載齊桓公下令國中曰：「丈夫二十而室，婦人十五而嫁。」越王勾踐亦令「女子十七不嫁，其父母有罪；丈夫二十不娶，其父母有罪」(《國語‧越語》)。墨子所謂的「聖王之法」當得自齊越之政，墨子思想多受齊國文化影響。儒家的婚姻觀與此有別。《周禮‧媒氏》載：「令男三十而娶，女二十而嫁。」《禮記‧曲禮》載：「三十曰壯，有室。」《尚書大傳》亦載：「男子三十而娶，女子二十而嫁。」

兩相比較，儒家的婚姻法合乎優生優育原理，但是齊、越、墨子之法是在非常時期促進人口、兵源、財富迅速增長的有效措施。墨子算了筆帳：他說，當時早婚的有二十處家者，晚婚的有遲至四十（當為三十）才處家者，兩相比較，中間差了十年；如果三年生一子，這十年可生育兩、三個小孩了。因此，齊桓公、越王勾踐都令人民早婚，墨子也認為

第七章　生財之道：節用

「使民早處家」是人口「可以倍」的捷徑。

墨子以「節用」為首要內容的經濟思想有如下特點：一是以實用、實利為原則，以利民、利國為目的。凡合乎民用、利於國民者即為合理，凡於民生無用、無益，或僅對少數王公大人有利的東西，都不合理。二是充分注重人民最低限度的生活資源的分配，反對王公大人「厚斂於民，暴奪民衣食之財」，過奢侈生活。墨子「節用」主要就是要痛裁統治階級的一切奢侈行為，以便人民獲得最低限度的生活資源。三是以農為本、以糧為上。主張裁節王公大人的珠玉犬馬等奢侈品，以增加衣食等有用之物；主張以時生財、「無奪民時」。四是鼓勵生產，提倡勞動。主張人盡其能，各盡其才。五是重視勞動力再生產，發展人口。主張去掉喪民寡眾的弊政，早婚早育。總之，墨子的「節用」並不是簡單地節省開支、降低生活標準，同時也有發展生產、富國富民的目的，這在當時還是比較全面的。可是，墨子的經濟思想未涉及農業社會的根本問題──土地與勞動力如何結合，並沒有解決當時地荒而未墾、田廢而不耕的現象，而是苦口婆心地勸說王公大人節用。這既是非常膚淺的，也不一定行得通。荀子說：「墨子之節用也，則使天下貧。非將墮之也，說（學說）不免焉。」（《荀子・富國》）這也許正是針對墨子學說聽之有理卻行之不易而言的吧？

第八章　生死觀：節葬

一、仁人孝子「三務」

厚葬久喪歷來被視為孝子、仁者之事，而加以提倡和推行。墨子為批評厚葬久喪，首先對「孝子」、「仁者」兩個概念做了理論探討，對二者做出了貼切的界說。其論「孝子」曰：

> 今孝子之為親度（計謀）也，將奈何哉？曰：「親貧則從事乎富之，人民寡則從事乎眾之，眾亂則從事乎治之。」當其於此也，亦有力不足、財不贍、智不智，然後已矣，無敢舍餘力、隱謀、遺利，而不為親為之者矣。若三務者，孝子之為親度也。（《墨子·節葬下》）

又論「仁者」曰：

> 雖仁者之為天下度，亦猶此也。曰：「天下貧，則從事乎富之；人民寡，則從事乎眾之；眾而亂，則從事乎治之。」當其於此，亦有力不足、財不贍、智不智，然後已矣，無敢舍餘力、隱謀、遺利，而不為天下為之者矣。若三務者，此仁者之為天下度也。（《墨子·節葬下》）

孝子為親謀、仁者為天下計，有「三務」，即使國家富、人民眾、政刑治。這與孔子「庶之、富之、教之」的治國方略相當。孝子、仁者又有三大禁忌，即除非力不足、智不及、

第八章 生死觀：節葬

財不夠，不敢有意地捨餘力、隱餘謀、留遺利而不為國家盡力謀劃。三務重在盡其所能，三忌重在盡其忠心。主觀上一定要努力富之、庶之、治之，客觀上允許力不足、智不及、財不夠；但不允許有力不盡，更不允許有意破壞。這與愚忠、愚孝而不求實利大異其趣。

仁孝「三務」尺規既立，墨子就用它來衡量喪葬制度是否合理。他說，三代聖王既沒、天下失義，社會上出現了厚葬與薄葬的分歧：一以為厚葬久喪就是仁、義，是孝子之事；一以為厚葬久喪不仁不義，不是孝子之事。他們都稱說是「祖述堯、舜、禹、湯、文、武之道」，俱託始往聖而取捨不同。怎麼判斷誰是誰非呢？

墨子說，這單從理論上是分不出高下的，姑且「傳（引用）而為政乎國家萬民而觀之」，看其是否能實現上述「三務」，帶來所列「三利」。如果信奉執行厚葬久喪之說，可以帶來「富貧，眾寡，定危治亂」的實惠，那麼它就是「仁也義也，孝子之事也」，就可向天下推廣，讓人民來稱之譽之，「終身勿廢也」。否則，如果不能帶來上述「三利」，就證明它是「非仁非義，非孝子之事也」，不可不阻沮之，仁者將在全天下根除其影響，讓人民來非之議之，「終身勿為也」。

那麼，實行厚葬久喪的結果如何呢？令人遺憾的是，厚葬久喪的現實和前景都十分黯淡。墨子考察的結論是：厚葬

耗財靡物，乃窮民貧國之道；久喪傷害身體，乃少人寡民之術；久喪誤事害政，乃敗事致亂之源。厚葬久喪既不是孝子為親謀之道，又不是仁者為國謀之道，有百害而無一利。

二、窮民貧國之道 —— 厚葬

先看厚葬如何耗財靡物：厚葬講究「棺槨必重，葬埋必厚，衣衾必多，文繡必繁，丘壟必巨」。按照《禮經》的規定：在棺槨制度上，除內棺外，自天子至大夫，還有重數不等的外棺（即槨），天子四重，諸公三重，諸侯兩重，大夫一重，士無槨[03]；在隨葬衣物上，小殮時用衣十九稱（套），大殮時，君主陳衣百稱（套），大夫五十稱（套），士三十稱（套）（《禮記·喪大記》）。墳丘又要壘得很高大，《呂氏春秋·安死》記載說：「世之為丘壟也，其高大若山，其樹之若林。」

此外，還有各種隨葬品：以金玉珠璣、絲綢綾羅來包裹屍體，隨葬的還有車馬几案、杯盤壺尊、戈劍羽旄等；一切生人的生活必需品都要為死者備齊，送葬就像搬家一樣（「送死若徙」）。「匹夫賤人死者」，將傾盡所有家資，沒有家資的，甚至賣身葬親；諸侯死者，將空虛其府庫。特別是王公大人，「生時治臺榭，死又修墳墓」，靡費更大，「故民苦於

---

[03] 見《禮記·檀弓上》及鄭玄注。又《荀子·禮論》：「天子棺槨十重，諸侯五重，大夫三重，士再重。」《莊子·天下》：「天子棺槨七重，諸侯五重，大夫三重，士再重。」

/ 第八章　生死觀：節葬

外，府庫單（殫）於內」（《墨子・辭過》）。

既葬之後，又要服喪，影響政事和生產：「使王公大人行此，則必不能蚤朝晏退，聽獄治政；使士大夫行此，則必不能治五官六府，辟草木，實倉廩；使農夫行此，則必不能蚤出夜入，耕稼樹藝；使百工行此，則必不能修舟車，為器皿矣；使婦人行此，則必不能夙興夜寐，紡績織紝，捆布縿。」

「厚葬為多埋貝為（貨）財者也」，「久喪為久禁從事者也」。於是，「財已成者，挾而埋之；後得生者，而久禁之」。已有的財產隨同死人入葬地中，而將要生產的財富又不讓生產。這怎麼能致富呢？「以此求富，此譬猶禁耕而求獲也，富之說無可得焉。」（以上除加注者外，俱見於《墨子・節葬下》）一方面厚葬久喪，一方面又欲致富，豈不是禁止耕作而求收穫嗎？揚湯止沸，厚葬久喪必不能使國家富強。

三、寡民傷人之術 —— 久喪

一是殺殉。中國上古社會普遍存在殺人殉葬的野蠻行為，墨子揭露：「天子殺殉，眾者數百，寡者數十；將軍、大夫殺殉，眾者數十，寡者數人。」（《墨子・節葬下》）當時這種情況十分普遍，賢如秦穆公，死時還遺令將愛將子車氏三兄弟奄息、仲行、針虎殉葬。子車氏是當時秦國良將，秦人哀之，作〈黃鳥〉之詩以悼。明君尚且如此，其他昏君暴主就

更可想而知了。

二是居喪期間，終日哭泣，喪服垂涕，居住簡陋，「處倚廬，寢苫枕塊」，生活十分艱苦。「又相率強不食而為飢，薄衣而為寒」，人為地造成面目消瘦、顏色黧黑、頭昏目眩、腳疲軟、手無力，以追求所謂「上士之操」——「必扶而能起，杖而能行」。如此堅持三年，體弱多病，必然影響健康。於是，「百姓冬不仞（忍）寒，夏不仞（忍）暑，作疾病死者，不可勝計」。許多人因這種不健康的守喪制度而哀毀過節，甚至殞命。

三是居喪期間，禁止男女同房，夫妻分居，「此其敗男女之交多矣」。夫妻不同居，必然影響人口的增殖。

久喪既傷害身體，又禁止人口生產。以這套方法來要求人口增殖，就好比讓人伏在劍上取死卻又叫他長壽一樣，必然是辦不到的。厚葬久喪不可能讓人民發展。

四、亂國敗家之法——以死妨生

《墨子·節葬下》記：「君死，喪之三年；父母死，喪之三年，妻與後子（嫡長子）死者，五皆喪之三年。」此外，伯叔父、兄弟、庶子死，服期年之喪；族人親屬之喪五月；姑姊甥舅之喪也有時間不等的數月之喪。故在上者不能聽政，在

第八章　生死觀：節葬

下者不能從事；政事無人管，刑政必然紊亂。

財物都用於陪葬，「衣食之財必不足」。如果衣食不足，兄弟、父子、君臣之間不能互相接濟，必生怨恨。如有桀驁不馴（「僻淫邪行」）之民，「出無衣，入無食」，就必然為淫為暴，「是故盜賊眾而治者寡」。

政刑混亂，盜賊公行，如此而求天下之治，自然是辦不到的。可見實行厚葬久喪，會導致國內不安。

內政不治，外交必誤，國家就會處於十分不利的境地。墨子經過考察南邊的「楚越之王」和北邊的「齊晉之君」攻伐兼併的歷史，認為：「凡大國之不攻小國者，積委多，城郭修，上下調和。」如果國家富足、兵備強盛、內部團結，大國就不敢侵略。否則，厚葬久喪，就會使「國家必貧，人民必寡，刑政必亂」。國家貧，就沒有糧食積儲；人民少，就沒人修城築牆；刑政亂，則人心不團結，必然出戰不克、入守不固。這樣一個積貧積弱、內亂不已的國家，怎能保證不被大國侵略呢？

實行厚葬久喪的人，也許認為這樣可取悅上帝、鬼神。那麼，果真如此嗎？墨子對此也做出了否定的回答。他說：如果國家貧困、物質缺乏，就沒有好東西敬神，「粢盛酒醴不淨潔」；神以民為主，如果人民稀少，「是事上帝鬼神者寡也」；祭祀有時間性，如果國家混亂，祭祀就不能如期舉行，「是祭

祀不時度也」(以上《墨子・節葬下》)。沒有祭品、祭主,過時不祭,即使厚葬久喪,又怎能使上帝、鬼神高興?可見上帝也不喜歡厚葬久喪之人。

五、厚葬久喪,聖王不為

有人說,厚葬是古來相傳的「聖王之道」。墨子則認為恰恰相反,在《墨子・節用中》中他說:

古者聖王制為節葬之法,曰:「衣三領,足以朽肉;棺三寸,足以朽骸。堀穴深不通於泉,流不發洩則止。死者既葬,生者毋久喪用哀。」

墨子又在《墨子・節葬下》中說:

古者聖人制為葬埋之法,曰:桐棺三寸,足以朽骨;衣衾三領,足以覆惡;及其葬也,下毋及泉,上毋通臭;壟(墳丘)若參(三)耕之畝(三人耦耕的寬度),則止矣。死者既以(已)葬矣,生者必無久哭(喪),而疾而(以)從事人為其所能,以交相利也。此聖王之法也。

世俗之葬,「必大棺中棺」,故有數重;木質宜堅,故以梓木為上;槨欲其厚,上大夫八寸屬六寸,下大夫六寸屬四寸;衣衾必多,故有百稱、十稱之衣;墳必高大,故如丘如山。墨子所述聖王之法,用桐棺,桐棺速朽;厚三寸,衣三領。據《左傳》哀公二年記,這是有罪被罰的葬制,荀子稱

第八章　生死觀：節葬

為「刑餘罪人之喪」(《荀子・正論》)。墨者喪法，王者與庶民不異，公民與罪人無別。下土適中，上不至於散發臭氣，下不及於黃泉；地上之觀，不過三人耦耕（三尺寬）的面積，不以京觀為意。葬埋的意圖不是讓死者在陰間繼續享受，而是讓死屍能夠在地下安然朽腐，不影響生人。既葬之後，無服喪，不久哭，人們照常從事各自的事業。此務在使死者無憾、生者無礙。

墨子說：從前堯北教於八狄，死於途中，葬蛩山之南，「衣衾三領」，用穀木（一種質料很差的木材）作棺，下葬時哭了數聲，過後則罷；填土剛滿墓穴，沒有墓丘，牛羊可以在他墳上踐踏。舜西教於七戎，死於路，葬在南己之市，也是「衣衾三領」，用穀木作棺，剛葬下，市人就在他墳上行走。禹東教於九夷，死於路，葬在會稽之山，「衣衾三領，桐棺三寸」，掘墓下不及泉，上不透臭氣，既葬，將剩餘的土壤堆成一個小土堆，只三尺見方。堯、舜、禹貴為天子，富有天下，尚如此簡葬，可見「厚葬久喪，其非聖王之道也」。

誠然，墨子所稱三王喪葬的情景，未必是歷史實錄，同樣出於託古言制。即如《墨子・節葬下》所述葬埋之法，託為「古者聖人」所制，而在篇末又說：「子墨子制為葬埋之法，曰：棺三寸，足以朽骨；衣三領，足以朽肉。掘地之深，下無菹（沮）漏，氣無發洩於上；壟足以期（觀望）其所止矣。哭往哭來，反，從事乎衣食之財，佴（助）乎祭祀，以致孝於

親。故曰：子墨子之法，不失死生之利者，此也。」可見，所謂聖王之法，實即墨子自己所制，是墨子根據生人的利益和死者的實際需求而制定的切實可行的新式葬法，確實是「不失死生之利」的好辦法。

六、移風易俗，薄葬節喪

墨子認為，自古沒有一定的葬法，全因約定俗成，只要在上者提倡、在下者奉行，便習以為常，進而成為制度。

厚葬久喪在中國士大夫之中「為之而不已，操之而不擇」，原因無他，此乃行之既久，「便其習而義其俗者也」，都是主觀的認可，是風俗的習成，並無必然可行的道理。從前越之東有「輆沐之國」，其長子生，則肢解分食，說是「宜弟」，還獻給君主，如味道好，其父母將被重賞；其大父（祖父）死，則將其大母也背出拋掉，說是「鬼妻」，不可與之同處。楚之南有「啖人之國」，其親戚死，實行二次葬，先讓其屍體腐爛，再拾其骸骨葬之，這才算是孝子。秦之西有「儀渠之國」，其親戚死，聚柴薪而焚之，實行火葬，說是「登遐」，必須這樣才是孝子。這些民族的人們「上以為政，下以為俗。為之而不已，操之而不擇」。這些奇風異俗難道真的合乎仁義嗎？不是，「此所謂便其習而義其俗者也」。（以上《墨子・節葬下》）

/ 第八章　生死觀：節葬

　　在中國士大夫看來，殺子是不慈，棄祖母是不孝，焚親更是大逆不道。在當時一些少數民族的風俗中，這些卻是孝子義孫的孝行義舉。可見，葬埋制度並無絕對的「仁」、「義」、「孝」的一定之規。任何弔喪送死制度，都是一定社會中人，在一定的社會活動中形成的約定俗成的東西。既是約定俗成，不合理的、沒有實用價值的頹風陋俗，就有改變的必要；而合理的、有用的新風，就可以經提倡獲得社會公認。

七、歷史的遺憾

　　一生一死，有生必死，這是人生的大事；死生之際，不可不察。如何生活，自古及今有數不盡的人生觀；怎樣看待死，古今中外也有無數關於「死」的哲學。

　　一曰：形神一體，死後有知，故厚葬久喪。這一習俗普遍流行於世界各地，從古埃及、古中國，到西方世界，都未逃脫這一死亡哲學的籠罩。

　　二曰：形神相分，形神相合則生，形神相離則死，死後即歸於無知，故死後的軀殼不必厚葬。《列子・楊朱》載晏子曰：「既死豈在我哉？焚之亦可，沉之亦可，瘞之亦可，露之亦可，衣薪而棄諸溝壑亦可。」

　　三曰：生來死往，皆自然現象，死葬中野，與自然一體，無須厚葬。《莊子・列禦寇》載：「莊子將死，弟子欲厚

葬之。莊子曰：『吾以天地為棺槨，日月為連璧，星辰為珠璣，萬物為齎送。吾葬具豈不備耶？何以加此？』」

四曰：靈魂至貴，身體是束縛靈魂之物，宜速死速朽，以求靈魂的解脫。佛典《維摩經·方便品》曰：「是身無常，無強無力無堅，為苦為惱。眾病所集，如毒蛇，如怨賊，為要當死，速朽之物，不足重也。」自己的身體是一切苦惱病痛的根源，因而極端憎惡，甚至有人臥轍飼虎，以求靈魂的昇華。印度九十六種外道即如是說。

從考古發掘看，中國自殷商開始，就已盛行厚葬和殺殉；到周初，已制定了根據社會等級實行葬埋的制度；春秋戰國時期，禮壞樂崩，在葬埋制度上，越次躐等有越古制。墨子揭露：「匹夫賤人」營葬，則「竭家室」；諸侯大夫營葬，則「虛府庫」。對此，許多政治家和思想家都深表憂慮，故孔子譏石槨，莊、列順自然，墨子非厚葬。

由於儒家對禮制的偏好，其對喪葬等禮制並不反對，而且十分重視。《論語·堯曰》載孔子「所重：民食喪祭」。《禮記·昏義》說：「夫禮始於冠，本於昏，重於喪祭。」此為主張文情相稱的葬喪之禮。至淺者為之，只重形式，不重內容。厚葬資，久喪期，矯情假意，醜態百出，既無益於死者，又不利於生者，更有損於世風。孔子曰：「喪，與其易（周到）也，寧戚（哀情）。」子路述夫子之說曰：「喪禮，與其哀不足而禮有餘也，不若禮不足而哀有餘也。」（《禮記·檀弓上》）這些

第八章　生死觀：節葬

正是對厚葬而無真情的針砭。

但儒家「重於喪祭」的禮學思想又恰恰對社會厚葬習俗發揮了推波助瀾的作用，葬禮並未達到「送死，飾哀」（《荀子‧大略》）的正向作用，反而成了靡財害事、影響安寧的消極因素。正因如此，遂使整個中國社會陷於厚葬喪財、久喪誤事的泥潭之中，至於今而不息。

漢代，漢文帝以瓦器陪葬，因山為墳；楊王孫將死，令其子裸而葬之……無非欲以身作則，以矯世人厚葬久喪之弊。《莊子》、《列子》、佛家都提倡節葬、儉喪，但由於他們採用出世基調，很難讓世人普遍接受。墨子的貢獻則在於從世俗的角度，以適用實利為尺度，對薄葬、短喪進行了合乎情理的論證，以探求「不失生死之利」的科學方法。他是第一個對葬埋之法進行系統論述的思想家，也是第一個將厚葬久喪之害提高到國計民生高度的思想家。

惜乎，奢靡之風已浸入骨髓，頹墮之俗也是九牛難回，又加儒者非墨，淺人忽之，詆其人而滅其學，致使墨子高論未見實效。這不能不說是歷史性的遺憾！

第九章　反對耗費：非樂

　　非樂是墨子節用學說的又一個重要組成部分，也是墨子非儒的必然結果。墨子講經濟，認為「節儉則昌，淫佚則亡」（《墨子·三辯》）。又說：「利人乎即為，不利人乎即止。」（《墨子·非樂上》）墨子之所以否定音樂，即在於他認為其無益於飽暖飢寒，而有害於國計民生。今《墨子》書中，〈非樂上〉、〈三辯〉兩篇反覆申說樂之可非，其他篇也偶爾及之。探究墨子非樂之意，蓋出於以下幾種考慮。

一、不切實用的耗費

　　墨者也是人，亦有正常的七情六慾，美色之悅目、美聲之悅耳、美味之爽口、高臺樓榭之宜身，豈有不知？然而何以非樂？這首先是由墨者精神決定的。

　　《墨子·非樂上》開篇重申：「仁者之事，必務求興天下之利，除天下之害。將以為法乎天下。利人乎即為，不利人乎即止。」一切以利人、利他為轉移。利人即為，不利人即止：「且夫仁者之為天下度也，非為其目之所美、耳之所樂、口之所甘、身體之所安，以此虧奪民衣食之財，仁者弗為也。」又曰：「雖身知其安也，口知其甘也，目知其美也，耳知其樂

第九章　反對耗費：非樂

也，然上考之不中聖王之事，下度之不中萬民之利。是故子墨子曰：『為樂非也！』」在奴隸制時代，音樂被少數王公大人們壟斷，與人民無緣——「不中百姓之利」，不合乎為民興利的「聖王之事」，所以要反對。

為樂是怎樣「不中百姓之利」的？墨子說音樂沒有實際用處。他說，這好比舟車，「古者聖王亦嘗厚措斂乎萬民以為舟車」。將何用之？答曰：「舟用之水，車用之陸。」有何好處？曰：「君子息其足焉，小人休其肩背焉。」貴人以車代步，窮人以舟載物，這就是實惠。舟車「反中民之利」，人民就樂意花費錢財製造舟車。

如果造樂器也像造舟車有實用實利的話，「即我弗敢非也」。可惜，事實恰恰相反：

墨子說當時民有「三患」，即飢不得食、寒不得衣、勞不得息。為樂者「撞巨鐘，擊鳴鼓，彈琴瑟，吹竽笙，而揚干戚」，這能保證人民獲得衣食之財嗎？

如果「有大國即（將）攻小國，有大家即（將）攻小家，強劫弱，眾暴寡，詐欺愚，貴傲賤，寇亂盜賊並興，不可禁止」，當此之時，為之撞樂萬舞，可以止攻伐、平兵亂嗎？

由此可見，鐘鼓琴瑟、竽笙干戚，「無改」於「三患」，對民生、治亂都無裨益。為樂無補於「興天下之利，除天下之害」，沒有實用。

對音樂的作用，儒家倒做了優雅的解釋，認為「禮以節人，樂以發和」。禮是從外在節制人的行為，樂則是從內心啟發人的樂善之情。禮、樂都具有教化作用，故儒書常說「夫樂者，樂也」，而大力提倡。墨子則相反，只從樂對衣食住行這些物質需求是否有利上進行考察，認為樂不具有實效實利，故不值得提倡。《墨子・公孟》記墨子難儒家的音樂理論說：

> 子墨子問於儒者：「何故為樂？」曰：「樂以為樂也。」子墨子曰：「子未我應也，今我問曰：『何故為室？』曰：『冬避寒焉，夏避暑焉，室以為男女之別也。』則子告我為室之故矣。今我問曰：『何故為樂？』曰：『樂以為樂也。』是猶曰：『何故為室？』曰：『室以為室也。』」

樂以為樂，又見於《禮記・樂記》、《荀子・樂論》。上一「樂」字，是名詞，如字讀，即音樂；下一「樂」字，是形容詞，即快樂。「樂以為樂」正是儒家的音樂觀。《禮記・樂記》謂：「樂者樂也，君子樂得其道，小人樂得其欲。」提倡樂的目的，就是要讓大家快樂起來，道行高尚的君子因自己的主張得到實施而高興，普通百姓（「小人」）則因自己豐衣足食而歌唱。樂可以歌舞昇平，可以幫助教化，還可將節慶的喜氣氛圍渲染得更加熱烈，增進各階層和各群體之間的親和感。墨子譏諷「樂以為樂」，不承認音樂有如許妙用。這是儒、墨兩家理論的重要分歧之一。

/ 第九章　反對耗費：非樂

儒者重文，在物質利益外，特別注重精神產品，以「禮、樂、政、刑」為治天下的四大法寶。墨家貴質，注重物質生產，一切從衣食住行等物質利益出發。墨子認為音樂無益於飽暖，是「喪天下」、「四弊政」之一：「弦歌鼓舞，習為聲樂，此足以喪天下。」（《墨子‧公孟》）

儒者以為四寶，墨者以為四弊，其對立如此。

二、勞民廢事

墨子說，如果做了樂器，僅將其陳列在高臺厚榭之上，則與覆鼎無異，必須要演奏才有音樂效果。不可能用老弱病殘演奏，他們耳不聰、目不明，手不靈、腳不便，不能奏出悅耳的音樂。為了得到美妙動聽的音樂，必須使用青年男女。青年奏樂就會影響生產：「使丈夫為之，廢丈夫耕稼樹藝之時；使婦人為之，廢婦人紡績織紝之事。」浪費勞力，影響生產，此其一。

王公大人已有音樂，不可能一個人欣賞。如果與在位的「君子」一同欣賞，則影響君子「聽治」（政務）；與生產的「小人」一同聽，則影響小人「從事」（生產）。既不便於「君子」，又有害於「小人」，此其二。

有了樂人，還得有舞女。舞女不能穿短褲衩跳舞，平時不能吃粗糧。「食飲不美，面目顏色，不足視也；衣服不美，

二、勞民廢事

身體從容（舉動），不足觀也。」為了保證她們顏色鮮麗、動作優美，必須讓她們吃好東西、穿好衣服，「是以食必粱肉，衣必文繡」。這些人長期不從事衣食生產，還要消耗最好的衣食，社會財富無故受損，此其三。

音樂既影響生財，又耗費錢財。已生之財消耗了，未生之財又不能組織再生產。人又不能像動物一樣有天然衣食資源，鳥獸「雄不耕稼樹藝，雌亦不紡績織絍，衣食之財固已具」。墨子認為，人如果沉湎於無用之樂，必然造成生存危機。所以說：

今唯毋（唯恐）在乎王公大人說（悅）樂而聽之，即必不能蚤朝晏退，聽獄治政，是故國家亂而社稷危矣。今唯毋在乎士君子說樂而聽之，即必不能竭股肱之力，亶其思慮之智，內治官府，外收斂關市、山林、澤梁之利，以實倉廩府庫，是故倉廩府庫不實。今唯毋在乎農夫說（悅）而聽之，即必不能蚤出暮入，耕稼樹藝，多聚叔（菽）粟，是故叔粟不足。今唯毋在乎婦人說（悅）樂而聽之，即必不能夙興夜寐，紡績織絍，多治麻絲葛緒，捆布縿，是故布縿不興。

王公大人聽治受影響，士君子理財受影響，農夫耕作受影響，婦人紡織受影響。夏朝太康失國，殷紂滅亡，都是沉湎於音樂的下場。故《湯刑》、《泰誓》都以音樂為戒。

故音樂之為物，「將不可不禁而止也」（以上未注明者，俱見《墨子‧非樂上》）。

第九章　反對耗費：非樂

三、樂可節而不可非

墨子對於音樂達到了深惡痛絕的程度，主張凡是與音樂沾點邊的東西都要禁止，甚至到了談樂色變的地步。《新序》卷三說：「邑名朝歌，墨子回車。」墨子連地名朝歌也深惡痛絕。現在看來，這未免太過分了點。

墨子從實用的觀點出發，主張節用，凡衣食住行、車馬舟船，不能過分奢侈。但由於舟車對人民還有些好處，故主張節之而不非。對厚葬久喪，雖害事靡財，但人死了總是要埋葬的，故亦是節之而不廢。而對於音樂，墨子認為其無補於溫飽，故主張「禁而止之」。對墨子的非樂主張，絕大多數戰國諸子卻是反對的。那麼，應該怎樣看待墨子的非樂之說呢？

首先，墨子之非樂，在當時具有強烈的現實針對性。春秋戰國之際，禮壞樂崩，周初制定的禮樂等級制度早已蕩然無存。統治者躐等享受，淫靡無度。《論語》謂「三家者以〈雍〉徹」、「（季氏）八佾舞於庭」，天子才能享用的音樂，在諸侯、大夫之間也流行起來了。淫樂喪財廢政，已成為一大公害。這種越等的禮樂享受，不僅無法發揮應有的教化作用，還有摧毀整個奴隸制等級制的危險。墨子非樂，具有強烈的現實針對性，在當時是有正向意義的。《管子‧禁藏》亦有同調，謂：「夫明王不美宮室，非喜小也；不聽鐘鼓，非

惡樂也。為其喪本事而妨於教也。」《管子》一書縱然不是管仲本人所寫,但其為春秋至戰國時齊國人士所作當無問題。《管子》認為鐘鼓「傷本害教」,這表明淫樂靡音成為巨害,已引起有識之士的關注。墨子對淫樂之害做了專門的理論闡述,這在當時思想界具有一定的代表性。再者,墨子非樂是非議王公大人的淫樂,要求統治者勤於政事、節財愛民,這個出發點無論如何都是好的,是墨子兼愛利民思想的重要組成部分。

　　針對禮壞樂崩現象,儒家也不是沒有批評。「是故樂之隆,非極音也。」(《禮記‧樂記》)「極音」即濫用音樂。儒家反對濫用音樂的行為。故魯公用天子之禮,「三桓」行天子之樂。孔子曰:「是可忍也,孰不可忍也!」不過,對於禮壞樂崩的局面,儒家只主張矯而正之,不主張過而廢之。孔子「自衛反(返)魯,然後樂正」。正樂,即是救音樂之弊,把混亂的音樂納入禮制軌道。

　　墨子對音樂的認知是十分膚淺的,其「非樂」理論也是十分偏狹的。墨子只看到音樂負向的方面,卻不知道音樂還具有正向意義。儒者以為,音樂是人心感於物的感情流露:物感於衷而聲發乎外,言之不足則嗟嘆之,嗟嘆之不足則歌詠之,歌詠之不足則手之舞之、足之蹈之。歌詠舞蹈,就是人心受物之所感的反映,是不可避免的。相反,善觀所感,則可以知為政之得失;善用所感,則可收潛移默化之效。因此,

第九章　反對耗費：非樂

儒家認為樂與禮、政、刑同等重要，相輔而行。《禮記‧樂記》說：「禮以道（導）其志，樂以和其聲，政以一其行，刑以防其奸。禮、樂、政、刑，其極一也。」儒者之重樂，更主要是將樂作為教化手段。所謂「禮節民心，樂和民聲，政以行之，刑以防之，禮、樂、政、刑四達而不悖，則王道備矣」。「禮」將不同等級區別開來，「樂」又將不同等級團結起來，不同等級之間就會達成有序的和諧。

儒者將音樂分為「雅樂」和「鄭聲」兩類：「雅樂」是正當的、合乎節度的，有益於教化；「鄭聲」是不正確的、無度的，有傷風化。其中的關鍵是要區別對待，去其鄭聲，而興其雅樂。《呂氏春秋‧古樂》亦謂：「樂所由來尚矣，必不可廢。有節有侈，有正有淫矣。賢者以昌，不肖者以亡。」音樂本身並無不好，而怎樣用樂則分好壞：賢者善於用樂，故天下盛昌；不肖者不善於用樂，故天下喪亡。《呂氏春秋》將樂分為正樂、淫樂兩類，又叫「大樂」和「侈樂」。大樂、正樂，即有節度的音樂；淫樂、侈樂即無節度的音樂。這與儒家雅樂、鄭聲之分相同。墨子所批評的負面之樂，正是儒家所非議的「鄭聲」和《呂氏春秋》所貶斥的「淫樂」。但是樂還有雅、正的內容，墨子看到鄭聲、淫樂之害，卻無視雅樂、大樂的存在；更不懂得雅樂的正面意義，不分美玉惡石，談樂色變，這是不可取的。

此外，樂有調節勞逸、啟迪善心的作用。對此，與墨子

三、樂可節而不可非

同時的程繁即已知之。程繁問墨子:「今夫子曰聖王不為樂,此譬之猶馬駕而不稅(解駕),弓張而不弛。無乃非有血氣者之所能至耶?」文武之道,一張一弛。勞而不息,張而不弛,馬、牛猶不堪,何況人乎?故「昔者諸侯倦於聽治,息於鐘鼓之樂;士大夫倦於聽治,息於竽瑟之樂;農夫倦於春耕夏耘秋斂冬藏,息於瓴缶之樂」(《墨子·三辯》)。有張有弛,氣舒意恬,才能輕鬆愉快,也才會持久。倘若再寓教於樂,足以去其貪鄙,啟其善心。故曰:「安上治民,莫善於禮;移風易俗,莫善於樂。」墨子不識音樂的教化作用,一概非之,是不知人情之真際。荀子曰:「墨子之於道也,猶瞽之於白黑也,猶聾之於清濁也。」(《荀子·樂論》)墨子不假區別,一概否定,丟掉一個能夠在輕鬆愉快的氣氛中實現天下大治的手段,無怪其「以自苦為極」,雖慘淡經營,但終未實現抱負。用其道以治世,是「猶之楚而北求之也」;南轅北轍,必然不能到達目的地。故荀子說:「我以墨子之非樂也,則使天下亂;墨子之節用也,則使天下貧」,「故墨術誠行,則天下尚儉而彌貧,非鬥而日爭。勞苦頓萃而愈無功,愀然憂戚,非樂而日不和」(《荀子·富國》)。其論實中墨子非樂之要害。

更何況墨子所謂「聖人不為樂」的說法也不合乎實際,連同樣主張節儉的道家也表示懷疑。《莊子·天下》謂:「為之太過,已之大順,作為非樂,命之曰節用,生不歌,死無服」,「毀古之禮樂。黃帝有〈咸池〉,堯有〈大章〉,舜有〈大

第九章　反對耗費：非樂

韶〉，禹有〈大夏〉，湯有〈大濩〉，文王有辟雍之樂，武王周公有〈武〉」。可見，並不是「聖王不為樂」，而是聖王知為樂，且善為樂。「今墨子獨生不歌」，「歌而非歌，哭而非哭，樂而非樂，是果類乎」、「其反天下心，天下不堪。墨子雖獨能任，奈天下何」。人心不能沒有喜怒哀樂，有喜有樂則有音樂。音樂正是對人類喜怒之情的節制（或渲染），是人類陶冶性情必不可少的。墨子無視人們對音樂的需求而徹底否定之、堅決取締之，違背人心，不合人情。如果真按照墨子說的那樣全面禁止音樂，那在當時奴隸制的時代裡，將如程繁所言「駕而不稅」（只能負重奔跑不休息），留給人民的就只有一副「枷鎖」和兩條「鞭子」了。

正確的做法應是節制，去其過奢，留其適中。樂與衣食住行一樣，可節而不可非，可正而不可廢。

第十章　終極制裁：天志

「天」或「天志」，常常是古代哲學家、思想家賴以建立自己學說的基礎，也是保證其學說合理化、具有實踐價值的終極關懷。對天如何認識、如何解釋，也是判斷古典哲學家優劣的重要內容之一。孔子講仁義，必以知「天命」為託詞；老子講無為，必以法「天道」為依據；墨子講兼愛，亦必將善良說成是天的意志，即「天志」。墨子學說以「兼愛」為特色，而以「天志」為後盾；「天志」是其思想的哲學基礎，也是其主張、希望得以實施的最後保證。墨子講兼愛、非攻、尚同、節用、節葬、非樂，是從實利實惠的角度來論證的。雖說明了利害，但是人們是否遵守，還得取決於人們的自覺和修養。倘若有不自覺者反其道而行，專事交惡、相攻、下比、奢靡、厚葬、縱樂，而無最後裁判，則墨子長篇累牘的大道理就成了大話空言，徒具虛文了。為了保證這些主張得到施行，墨子又提出「天志」和「明鬼」，作為強制人們實行兼愛、節儉等措施的絕對權威。分而論之，「天志」是一切善惡的最後裁判，也是總裁判；「明鬼」是各種善惡的主司，是各業的分裁判。「天」、「鬼」是居於冥冥之中而又隨時關心和注視著人間行為的公正監司，也是彌補人世間賞善罰惡的一般權力不能解決的終極力量。

第十章　終極制裁：天志

那麼，天有哪些德性，有哪些功能？天的意志是什麼，有何愛好和禁忌？天怎樣干預人類的生活呢？

一、天 —— 至高至尊，至明無隱

天是至高無上的，具有最高的權威；天又超級睿智，具有至明無隱的特點。

不過要證明其至高至明又是不容易的。在進入話題前，墨子舉了個十分淺顯的比喻：

他說，世人都有趨吉避凶的本能，「利之中取大，害之中取小」（《墨子·大取》），這是極為普通的道理。而今世人卻與此相反，只知避小害、求小利，而不知避大害、取大利。何以見得呢？

人們居家，得罪了家長還有鄰家可逃，但是他的兄弟、親戚說：「不可不小心，不可不謹慎。豈有在家得罪家長有好結果的？」居一國，得罪國君還有鄰國可逃，但是他的父老兄弟、親戚朋友，也戚戚然相勸：「不可不小心，不可不謹慎，豈有居國得罪國君有好結果的？」越是難以逃避的懲罰，人們也就越謹慎。同理可推，對於無法逃避的懲罰，更應該慎之又慎。可是遺憾的是，世人並不都知道這個道理。在天的眼皮子底下做壞事，能夠逃脫罪責嗎？回答必定是：

「無所避逃之。」因為天無所不知,無論在幽深的林谷之中,還是在寂靜無人之處,其「明必見之」。天下之「士君子」卻忽視它、簡慢它,這不是只知其小不知其大、只知避小害不知避大害嗎?

不知道天有意志,就不懂得什麼是正義、非正義,什麼合乎天意、不合乎天意,就不能自覺順天意、行天則,難免違背天意做出欺天罔人的事來。歷史上的暴君汙吏,就是因為不知道天的可敬可畏,不知天有「賞善罰惡」的能力(《墨子・明鬼下》),故逆天暴物,「詬天侮鬼」(《墨子・法儀》)。罪惡即是愚昧,罪惡起於對天、鬼的無知。孔子說:「君子有三畏:畏天命,畏大人,畏聖人之言。小人不知天命而不畏也,狎大人,侮聖人之言。」在這一點上,孔、墨的憂慮是相同的。

二、天 —— 至善至美的化身

不知天有意志是令人遺憾的,同時不知道行動應有個準則也是人世一大憾事。《墨子》中有〈法儀〉一篇專論此事。

《墨子・法儀》開篇即提出「天下從事者不可以無法儀,無法儀而其事成者無有」的大命題,隨之舉出「雖至士之為將相者皆有法」和「雖至百工從事者亦皆有法」為論據。比如百工,「為方以矩,為圓以規,直以繩,正以縣(懸),平以

第十章　終極制裁：天志

水（水平儀）」。用矩來畫方形，用規來畫圓形，牽繩以畫直線，懸重物以測垂直，用水平儀來測量是否平衡。這些標準器量對「巧工」和「不巧工」都十分有用。巧者用之可以做得更好，不巧者用之也可以依樣畫葫蘆，「放（仿）依以從事」。

然後，墨子筆鋒一轉，尖銳地指出：「今大者治天下，其次治大國，而無法所度。」這怎麼可以呢？百工猶知以法度為依，治天下的天子和治一國的諸侯反不知以法為據，其智慧還不如卑賤的工人。由此點出有法可依的必要性。

那麼，怎樣才能找到政治的模範（「治法」）呢？墨子又採取排他法，分析說：

都照父母說的去辦嗎？而「天下之為父母者眾而仁者寡」。都按老師說的去辦嗎？而「天下之為學者眾而仁者寡」。都以國君為法嗎？而「天下之為君者眾而仁者寡」。父母、師說、君王俱不足以稱仁，若效法他們，必然是「法不仁」。人間已缺乏公正、仁義的代表，只有尋之上蒼，故「莫若法天」。

為什麼要法天呢？因為天具有無與倫比的美德：「天之行廣而無私，其施厚而不德，其明久而不衰。」（《墨子・法儀》）所謂「行廣無私」，即執行磅礡，無不覆蓋，是至公至義的代表；「施厚不德」，即厚利於民，功成而不居，是至仁至愛的代表；「明久不衰」，即光明恆久，察於秋毫，是至明至察的代表。《禮記》載：哀公問：「何以貴乎天道？」孔子

二、天—至善至美的化身

曰：「貴其不已，如日月東西相從而不已也，是天道也；不閉其久，是天道也；無為而物成，是天道也；已成而明，是天道也。」孔子認為天道有執行不已、恆久不衰、利物無為、明照萬物的德行，此與墨子的天志無異。

不過，儒、墨俱稱天道、天志，各自所賦予天道的人文意義卻不同。儒家的天道是仁義禮樂的最高範本，而墨家的天志則是兼愛利他的範本。「行廣無私」，即兼愛無別；「施厚不德」，即捨己利他；「明久不衰」，即公正恆久。天具有博愛、無私、利他、公正嚴明、永久不衰等美德，是高於一切、優於一切的絕對權威，當然應成為「治法」的標準，「故聖王法之」。

天志還是檢驗行為正確與否的尺度。天志是行動指南，猶之工匠之有規矩，可以為方，可以為圓。反過來，亦可以用規矩來檢驗所畫是否合乎方、圓的要求。天志也是如此，可以為政，可以為刑。反之，也可以用天志來檢驗政治之善惡、學說之是非，故墨子說：「我有天志，若輪人之有規，匠人之有矩，輪匠執其規矩以度天下之方圓，曰『中者是也，不中者非也。』今天下之士君子之書不可勝載，言語不可盡計。上說諸侯，下說列士，其於仁義，則大相遠也。何以知之？曰：我得天下之明法以度之。」（《墨子·天志上》）天志進可以作為施行的準則，退可以作為評判的標準，是放之四海而皆準的真理，是行之天下而不悖的「明法」。

第十章　終極制裁：天志

三、天 —— 正義的泉源

墨子要求按天意辦事，曰：「動作有為，必度於天，天之所欲則為之，天所不欲則止。」（《墨子·法儀》）一切按天意辦事，一切服從天志，天就是政治的楷模。孔子曰：「大哉堯之為君也！巍巍乎，唯天唯大，唯堯則之！」又曰：「予欲無言……天何言哉？四時行焉，百物生焉，天何言哉？」《周易·乾·文言》曰：「先天而天弗違，後天而順天時。」此俱以取則天道、效法天行為最高的德行，與墨子「以天為治法」之說有相通之處。

天志是什麼呢？墨子曰：「天欲義而惡不義也。」（《墨子·天志上》）怎麼知道「天欲義而惡不義也」呢？這是一個難以證明的虛擬命題。墨子論證說：「何以知天之欲義而惡不義？曰：天下有義則生，無義則死；有義則富，無義則貧；有義則治，無義則亂。」（《墨子·天志上》）有義就生，無義就死；有義就吉，無義就凶。誰有決定生死吉凶之權呢？捨天其誰哉！故說：「天欲其生而惡其死，欲其富而惡其貧，欲其治而惡其亂。」（《墨子·天志上》）天有欲生、欲富、欲治的願望，這又是墨子虛擬的證據。但都是當時人主觀上樂於承認的，也是當時人普遍相信的，故「天欲義而惡不義也」的邏輯在當時也可成立。

其實，為義則得生、富、治，不為義則得死、貧、亂。

三、天─正義的泉源

這是虛假的,並不具有必然的關連,至少其例證是不周延的;天欲人生、富、治,而不欲人死、貧、亂,也是無可證明的。「天欲義而惡不義也」的結論實際上沒有被證明。在現實生活中,為義卻不一定有好結果的人和事有不少:伯夷、叔齊為義,不食周粟,卻餓死首陽山;顏回三月不違仁,卻屢空,早夭……故司馬遷曾質疑「天道無親,常與善人」的說法,發出「倘所謂天道,是邪非邪?」(《史記·伯夷叔齊列傳》)之問。

《墨子·天志中》又從另一個角度論證說,「義」本身就是天的德行。義是從天發生的,是天的產物:「義自天出。」

為了說明這個問題,墨子做了一番遞進推理。他提出「義不從愚且賤者出,必自貴且知(智)者出」(「統治階級的思想從來是占統治地位的思想」)。為了說明義「自貴且知者出」,墨子又提出「義之善政」。為了說明「義之善政」,他提出「天下有義則治,無義則亂」。善政亦治,有義亦治,於是「等量代換」,善政和義是一回事,義就等於善政。義為善政,那麼是誰為「政」即證明了是誰在為「義」。「愚且賤者不得為政乎貴且知者」,只有「貴且知者然後得為政乎愚且賤者」。為政的是「貴且知者」,那麼為義的自然也是「貴且知者」,從而證明了「義之不從愚且賤者出,而必自貴且知者出也」。誰是貴且智者?有諸侯,有天子。但是「天子為善,天能賞之;天子為暴,天能罰之」,天子頭上還有天,故最貴最

第十章　終極制裁：天志

智的是天。「天為貴、天為知而已矣！」(《墨子・天志中》)可見,「義」的極限在天,天才是「義」的最終泉源。

天欲義而惡不義,義出於天——天是義的提倡者,又是義的發起者,天就是正義的化身。

天的意志莫非義,故欲順天志者,唯在行義而已。不義的暴行是違反天志的。墨子把順天意稱為「義政」,把反天意稱為「力政」(《墨子・天志上》)。「義政」,即以仁義服人;「力政」,即以暴力威人。

用墨子的話來說,「義政」就是「處大國不攻小國,處大家不攻小家;強不劫弱,眾不暴寡;貴不傲賤,詐不欺愚」,也就是「非攻」。實行義政,就能「上利於天,中利於鬼,下利於人」。這三利無所不利,於是「舉天下美名加之」,謂之曰「聖王」(《墨子・天志上》)。聖王就是上順天意、下行義政的人物。

「力政」反是,「處大國攻小國,處大家攻小家;強者劫弱,眾者暴寡;貴者傲賤,詐者欺愚」,這樣便「上不利於天,中不利於鬼,下不利於人」。這三不利無所利,於是「舉天下惡名加之」,謂之「暴王」(《墨子・天志上》)。暴王就是上反天意、下行力政的人物。

四、天 —— 兼愛的典範

天的意志之二,即兼愛、兼利。「天欲人之相愛相利,不欲人之相惡相賊。」何以見得?因為天本身就是兼愛、兼利的:「奚以知天之欲人之相愛相利,而不欲人之相惡相賊也?以其兼而愛之,兼而利之也;奚以知天兼而愛之,兼而利之也?以其兼而有之,兼而食之也。」(《墨子·法儀》)

墨子論證說:普天之下,國不分大小,都是天的城邑;人不分貴賤,都是天的臣民。天有天下,與諸侯有其國無別。諸侯有其國,難道希望國內的臣民們互相攻伐、互相殘害嗎?天對於天下也是這種心情,希望天下相愛而不相攻。

天並非只有兼愛,還「撽遂萬物以利之」。比如,布列日月星辰來昭示之,形成四時來綱紀之,生長五穀絲麻以衣食之,設為山川溪谷之神以監臨之;此外還有鳥獸、金石、草木,都是上天出於提供民用的考慮。舉凡生民所享受利用的一切,無不是天之所生、天之所長。可見,天兼有天下之人,又兼愛天下之人,還兼利天下之人。天就是兼愛、兼利的典範。

天以愛利為志,也必然要求人照此辦理。「愛人利人,順天之意」,這就是「天德」;「賊人惡人,反天之意」,這就是「天賊」(《墨子·天志中》)。行天德的人,必然得到天賞;做天賊的人,必然受到天罰。「愛人利人者,天必福之;惡

第十章　終極制裁：天志

人賊人者，天必禍之。」(《墨子・法儀》)於是，墨子將他的「兼愛」、「非攻」學說盡量往「天志」上靠，如「天之意不欲大國之攻小國」、「欲人之有力相營，有道相教，有財相分」、「又欲上之強聽治也，下之強從事也」、「國家治，財用足，內有以事天鬼，外有以事邦交，以息兵戈，以息邊鄙」、「內有以食飢息勞，持養其萬民」，還包括父慈子孝、君惠臣忠等。舉凡「刑政治、萬民和、國家富、財用足、百姓皆得暖衣飽食，便寧無憂」(《墨子・天志中》)的種種好處，都視為順天意的善果。

由此可見，墨子所謂天志的兼愛，實是人間美德的客觀化、社會公德的天理化，也就是墨子學說的天意化。

五、天——公正的裁判

猶如儒家主禮刑並用、以刑輔禮一樣，墨子在講天志時，也並用「天賞」和「天罰」。如果說天欲義、兼愛、兼利是引導「人心向善」的正面勸導的話，天賞和天罰則是促使(甚至強迫)人們勉力為善的誘惑和威懾。每個人的所作所為都得接受上天的審判和裁決。善者受賞，不善者受罰，無所逃於天地之間！

墨子說，人們行為的好壞，不能自己說了算，必須接受上一級的評判，天就是最高裁判。因而他提出「義者正也」

五、天─公正的裁判

(《墨子‧天志下》)的命題,義就是正。

「正」,《墨子‧天志上》又作「政」,二字通用,在這裡有意動詞和使動詞的雙重用法,即評判其是否正確,並整頓使其正確。《墨子‧天志上》說:

> 夫義者,政也,無從下之政上,必從上之政下。是故庶人竭力從事,未得次(恣)己而為政,有士政之。士竭力從事,未得次(恣)己而為政,有將軍、大夫政之。將軍、大夫竭力從事,未得次(恣)己而為政,有三公、諸侯政之。三公、諸侯竭力聽治,未得次(恣)己而為政,有天子政之。

《墨子‧天志下》又補充說:

> 天子不得次(恣)己而為正,有天正之。

士人評判庶人,大夫、將軍評判士人,三公、諸侯評判大夫、將軍,天子評判諸侯、三公,而天子也要受到天的評判。逐級審察,歸總於天。天是最高也是最後的裁決。自天子而下,舉凡諸侯、三公、將軍、大夫、士、庶人,都必須兢兢業業,「竭力從事」,是好是壞自己無法判斷,誰都無法一手遮天,將好的說壞、將壞的說好。上天、鬼神不聽你的一面之詞,必將接受上一級的審察,最終要接受天的評判,天就是大法官,天庭成了最高法庭。可惜的是,人只知道上級可畏可怖,只知道天子至尊至高,殊不知在上級上頭還有上級,在天子頭上還有天帝。這就使作威作福之君、志驕意

第十章 終極制裁：天志

滿之主,不得不在天威面前有所顧忌、有所收斂。

天不僅評判善惡,而且賞善罰惡。這一點,《墨子》書中多次言及,不可殫舉。其核心論點即是：順天之意,天亦必順人之意。天意欲兼愛兼利,人意欲富貴福祿。故「愛人利人者,天必福之；惡人賊人者,天必禍之」,「殺不辜者,得不祥焉」(《墨子‧法儀》)。善有善報,惡有惡果,這不是肆口騰說,有史為鑑：「昔之聖王禹湯文武,兼愛天下之百姓,率以尊天事鬼,其利人多,故天福之,使立為天子,天下諸侯皆賓事之……暴王桀紂幽厲,兼惡天下之百姓,率以詬天侮鬼,其賊人多,故天禍之,使遂失其國家,身死為僇(戮)於天下。」(《墨子‧法儀》)「愛人利人以得福者有矣,惡人賊人以得禍者亦有矣。」(《墨子‧法儀》)報施彰彰,絲毫不爽。墨子批評「儒以天為不明,以鬼為不神,天、鬼不說(悅),此足喪天下」(《墨子‧公孟》),也許正是從這個意義上說的。

關於「天」的問題,在先秦思想史上是一個熱門話題。道家講「天道」,儒家講「天道」也講「天命」,墨子講「天志」。他們所指的對象都是一個東西,目的都是為自己學說找到客觀的依據和終極力量。可是,他們的結論卻不一樣：道家的「天道」,是對萬物本原和天地規律的模擬,其內容主要是法則、本體,其特徵是形而上學,很少具有神性；儒家的「天道」具有自然屬性,「天命」兼具人文屬性,內容也是規律性

五、天——公正的裁判

和必然性，其特徵是理性的；墨家的「天志」，純然是意志的、人格的天神，其特徵是宗教性的。

就是在當時，人類關於天和天道的理解已進入形而上學和理性思維階段，墨子身為思想家還津津有味地大談天意、天志，其落後之處是顯而易見的。不過，講迷信也好，講科學也好，都要看其動機、內容、效果。墨子講天志，不是將天講成君權的保護神，也不是把天視為罪惡的幫凶；而是將天視為正義的泉源、正義的提倡者，是公正無私「賞善罰暴」的最後裁判和最高權威。其用意在於為最高統治者製造一個至上的精神偶像，使他們在胡作非為的時候有所顧忌，有限制君權的正向作用，與宗教迷信中的上帝不同。墨子的天是善良的天，是重義的天，是兼愛兼利的天，是明察秋毫、大智無欺的天，是善無不賞、惡無不罰的公正的天，是愛民利民、疾惡如仇的大法官。這樣的天只愁其少，不嫌其多。墨子天志的用意是好的，墨子天志的內容也是好的。他不過是把善良的願望和主張裝在了一個舊式的形式之中，舊瓶裝新酒，善良的思想借用了落後的形式。《易大傳》說作《易》之人「神武而不殺者」，墨子天志與之有異曲同工之妙。我們應去其形式而取其內容，這才是歷史的態度，也是善於以古為鑑的正確的思想方法。

第十章　終極制裁：天志

第十一章　崇信傳說：明鬼

天志言天不可欺,明鬼言鬼不可罔。天是生成萬物的始祖,有生殺予奪之權;鬼神是天的輔佐,替天監臨下民。天地無不包孕、無不照臨;鬼神無不明察、無不知曉。天地鬼神所以生人、助人,亦所以監督人、賞罰人。為善為仁,兼愛兼利,是從正面勸說,積極促成;天志明鬼,是從反面懲戒,消極防禦。墨子講明鬼,用意與天志相同。

孔子講「天命」,重命運,對鬼神則置而不論:「子不語怪力亂神。」(《論語‧述而》)但他也不批評,甚至對事鬼敬神的祭祀活動傾注了極大的熱情:「祭如在,祭神如神在。」(《論語‧八佾》)孔子從不對鬼神寄任何希望,唯注重人事:「務民之義,敬鬼神而遠之。」(《論語‧雍也》)墨子則與孔子相反,他是有神論者,明鬼即天志的補充。他反對命運,故作「非命」;崇信鬼神,故作「明鬼」。儒敬鬼神而遠之;墨則寄鬼神以厚望,視鬼神為明察忠奸、賞善罰惡的司命。這一切似乎是專門針對儒家而發的,然而又稍稍有些倒退和滑稽。

第十一章　崇信傳說：明鬼

一、良心的呼喚

孔子說：「周人尊禮尚施，事鬼敬神而遠之。」(《禮記·表記》)在革殷之命的大變革中，周代社會逐漸養成了尊重理性、輕視鬼神的風氣。至春秋時期，一些思想家（如孔子）已對鬼神是否存在明顯表示存疑；有遠見的政治家也意識到「國之將興，聽於民；國之將亡，聽於神」，對鬼神的態度常常置而不議。用墨子的話來說，就是當時已有大量「執無鬼者」存在，這代表了人類理性思維的正確方向，表明了人們將依靠自己的力量達到希望的彼岸的雄心。可是在這種背景下，墨子還反其道而行，大談奢談鬼神靈驗，反以儒者「以鬼為不神」為非，似乎缺乏大思想家的明智，有點淺薄。

我們不得不承認，墨子明鬼不是一個高明之舉；不過墨子是實用主義者，「有用即是真理」，而不管它究竟是不是真理。對鬼神問題也是如此，他提倡「事天敬鬼」的原因在於，天鬼能夠幫助他推行兼愛非攻的政治理想。《墨子·明鬼下》開篇就說明了這一點：

逮至昔三代聖王既沒，天下失義，諸侯力正。是以存夫為人君臣上下者之不惠忠也，父子弟兄之不慈孝弟長貞良也，正長之不強於聽治，賤人之不強於從事也。民之為淫暴寇亂盜賊，以兵刃、毒藥、水火，退無罪人乎道路率徑，奪人車馬、衣裘以自利者，並作由此始，是以天下亂。此其故

何以然也?則皆以疑惑鬼神之有與無之別,不明乎鬼神之能賞賢而罰暴也。今若使天下之人偕信鬼神之能賞賢而罰暴也,則夫天下豈亂哉!

防惡勸善,是墨子講明鬼的主要原因。三代之後,大義既失,君上不惠,臣下不忠;父不慈,子不孝;兄不友,弟不恭;當官的不努力處理政務,老百姓不努力幹活,甚至為寇為盜、大動刀兵、攔路搶劫、殺人越貨,天下大亂。原因是什麼?墨子說:「這都是懷疑鬼神存在、不信鬼神能賞賢罰暴的結果。如果讓人們相信鬼神,就不會這樣膽大妄為,天下就不會混亂。」不難發現,墨子的鬼神觀,是要人類君惠臣忠、父慈子孝、兄友弟恭;在上者盡思慮之智,在下者竭股肱之力,非盜非鬥,和平安寧……一句話,墨子心目中的鬼是提倡盡社會責任、守社會秩序、正義和平、反對暴政汙行的鬼,是正義的代言人。

鬼神說在中國一直有它的社會基礎,鬼神賞罰的信仰一直是維繫傳統道德的強烈信念。我們不能不承認,正是這種信仰喚起了世世代代「人心向善」的良知。墨子「明鬼」,正是出於興利除害的實用原則:「今天下之王公大人士君子,實將欲求興天下之利,除天下之害,故當鬼神之有與無之別,以為將不可不明察此者也。」(《墨子·明鬼下》)

第十一章 崇信傳說：明鬼

二、生民的經驗

怎樣才能讓人相信有鬼神，怎樣才能讓人懂得鬼神可以「賞賢罰暴」？這與證明天志一樣，確實是一個大難題。墨子避開了理論論證、概念糾纏的麻煩，直接提出「實聞」、「實見」的經驗證明法：

是與天下之所以察知有與無之道者，必以眾之耳目之實知有與亡（無）為儀（標準）者也。請（情，真）惑（或）聞之見之，則必以為有；莫聞莫見，則必以為無。（《墨子‧明鬼下》）

耳聽、眼見和感知、經驗是墨子證明鬼神有無的兩個標準。重視經驗是常人的心理，容易贏得人們的贊同。墨子又說，經驗必須有廣泛性，不能少數人說了算。須一家一里地訪問，看自古及今、生民以來，有沒有見過鬼神模樣的、有沒有聽過鬼神聲音的。如果見過、聽過，就說明有鬼神；如果沒有見過、沒有聽過，就說明沒有鬼神。這也是容易得到人們擁護的方法。

透過詳古證今，墨子驚嘆：「天下之聞見鬼神之物者不可勝計也！」其中，滿足「眾之所同見與眾之所同聞」兩個條件的鬼案有五件：

其一是杜伯報復周宣王的故事。杜伯，陶唐氏之後，國於杜（今西安長安區）。相傳，周宣王之妾女鳩欲與杜伯私

通,杜伯不同意。女鳩反誣杜伯,周宣王不辨情由,殺杜伯。後三年,宣王與諸侯在圃田打獵,從車數百,從者數千。中午時分,杜伯乘白馬素車,挾彤弓朱矢,將宣王射死於獵車之上。據說「當是之時,周人從者莫不見,遠者莫不聞。著在周之《春秋》」(《墨子·明鬼下》)。這是「殺不辜者,其得不祥」。

其二是神賜秦穆公延年的故事。秦穆公大白天在廟堂上,句芒之神自門左進來,人面「鳥身」,「面狀方正」。秦穆公見之,恐懼而逃。神說:「不要害怕。上帝受汝明德之饗,派我賜汝十有九年陽壽,使汝國家昌盛,子孫繁衍,永保秦國。」(以上參見《墨子·明鬼下》)這是為善得福之驗。

其三是莊子儀報復燕簡公的故事。燕簡公以無罪殺其臣莊子儀。一年之後,燕國將在祖澤舉行大祭。中午時分,燕簡公乘車而往,莊子儀荷朱杖將其斃之於途中。《墨子》書中稱:「當是時,燕人從者莫不見,遠者莫不聞,載在燕之《春秋》。」(《墨子·明鬼下》)這是又一起殺無罪而得惡報的事例。

其四是宋國祝觀辜被神處罰的故事。宋文公鮑之時,祝觀辜祭於厲廟。神附身於巫祝,責問圭璧不滿度量、酒醴粢盛不清潔、犧牲不肥壯、四季祭祀失時是誰的過錯。觀辜說:「幼主鮑還在繦褓之中,哪裡知道這些!這是我身為主管

第十一章　崇信傳說：明鬼

官員的責任。」巫祝舉杖而擊之，斃之壇上。據說「當是時，宋人從者莫不見，遠者莫不聞，著在宋之《春秋》」（《墨子‧明鬼下》）。這是不慎於祭神而遭神罰的例子。

其五是齊國神斷疑獄的故事。齊莊公之時，王里國、中里徼二人打官司，各執一詞，三年不斷。齊莊公欲將二人都殺掉，但恐殺不辜；如都釋放了，又恐使犯人逍遙法外。於是，齊莊公要二人同供一羊，在神社前發誓。遂掘地為坎，割羊灑血。王里國讀誓詞，無事；中里徼讀誓詞，羊從坎中一躍而起，以角觸之。中里徼腿折而跳，神附羊體，追而斃之。據稱「當是時，齊人從者莫不見，遠者莫不聞，著在齊之《春秋》」（《墨子‧明鬼下》）。這是盟誓時欺騙鬼神受到了報應。

以上五證，墨子皆聲稱是眾人所見、時人所聞，並載於諸國之《春秋》。我們不能否認，墨子以眼見之、耳聞之作為驗證真假的標準，確實有一定的說服力。因此他舉的這些故事，信的人很多，流傳也很廣。如杜伯一事，除了《墨子》和它以前的周《春秋》有記載外，還見於《國語‧周語》、《汲塚瑣語》、《今本竹書紀年》、《通鑑外紀》等。但是，限於時代認知水準，眾人相信的不一定就是真實的。

墨子提出「眾之所同見與眾之所同聞」的驗證標準，用眾人所經驗為轉移，這個前提是可以成立的。但是他在舉證時違背了這個原則，其所舉的故事都是文獻資料。他說：「以

二、生民的經驗

若書之說觀之,鬼神之有,豈可疑哉!」這就偷換了概念,將耳目親見親聞換成了書籍記載,須知這些文獻也許只是個別史官的一家之言。這有違他用眾人經驗作為判斷標準的原則。

墨子苦心找來的這些證據,儘管聲稱是當時「從者莫不見,遠者莫不聞」,而且載於各國史書,好像具有「眾之所同見與眾之所同聞」的特點,具有可信性。但我們首先要問:這些「鬼的故事」既不是墨子本人所見,又不是他本人所聞,那麼憑什麼就說它們是必信無疑的記載呢?憑什麼相信它們就不是個別史官為了懲戒而編造的,或是以訛傳訛的故事呢?根據大多數事實,所謂有鬼不過是勸善懲惡的種種假說而已,有的甚至是少數人精神恍惚的幻覺,或許有的情節可能就是活人化裝扮演了鬼的角色。正因為無法排除這些可能,故當時人就已提出「眾人耳目之請(情),豈足以斷疑哉」以相詰難。戰國的董無心、東漢的王充,更是對墨家的鬼神謬說進行了系統的質疑和批駁。

對於這些詰難,墨子自然是舉不出自己親見親聞的事實,但他巧妙地從眾所信奉的「三代聖王」的禮制上找到了證據。他說:

> 若以眾人耳目之請以為不足信也,不以斷疑,不識若昔三代聖王,堯、舜、禹、湯、文、武者,足以為法乎?(《墨子·明鬼下》)

第十一章　崇信傳說：明鬼

在這裡，墨子來了個援類推理：「子然，我奚獨不可以然也？」（《墨子·小取》）你相信先王，信奉先王之法，自當對先王禮制的合理性予以承認。墨子說：「昔武王伐紂，令諸侯分祭，親近的同姓諸侯主內祀，祭本宗祖先；疏遠的異姓諸侯主外祭，祭山川四望。如果鬼神不存在，還用得著分祭嗎？」此其一。

古者國家有社稷、有祖廟，「其賞也必於廟，其僇（戮）也必於社」。這樣做的目的是：告訴神靈，頒賞平均、刑罰公正——「賞於祖者何也？告分之均也；僇（戮）於社者何也？告聽（聽獄）之中也」。如果沒有鬼神，何必賞於祖而僇（戮）於社呢？此其二。

夏、商、周三代聖王，凡建國營都，必選擇國中正大居中的位置立以為宗廟，選擇挺拔繁茂的樹木立為叢社，選擇父兄中慈孝貞良的人為祝宗，選擇六畜中膘肥色鮮者為犧牲，選擇上等玉器為祭品，選擇芳香黃熟的五穀為酒醴粢盛……如果沒有鬼神，還用得著這般費心嗎？此其三。

聖王不僅自己信其神、謹其禮，「又恐後世子孫不能知也，故書之竹帛，傳遺後世子孫」；又擔心竹帛「腐蠹絕滅」，「故琢之盤盂，鏤之金石，以重之」。透過考證，墨子說：「先王之書，聖人之言，一尺之帛，一篇之書，語數鬼神之有也，重有重之。」先王有哪些說鬼神的書呢？墨子舉出了《周書》、《商書》、《夏書》，所舉《周書》實《詩經·大雅·文王》，

有「文王陟降,在帝左右」之句。他說,如果無有神鬼,文王既死,怎能「在帝左右」?所舉《商書》已佚,後見於《偽古文尚書‧伊訓》,有「山川鬼神,亦莫敢不寧」之句。所舉《夏書》即《尚書‧禹誓》,有「天用剿絕厥命」之句。這麼多先王之書都稱鬼說神,可見有鬼神。此其四。

墨子舉眾所承認的先王禮制、先王行事和先王之書等資料,來論證鬼神的有無,在方法上也是得當的,在論戰上也是得法的。可見,墨子的論辯技巧大有以子之矛陷子之盾的特色和效果。但是他同樣沒有回答所謂聖王遺制是不是後人假託的問題;如果確實出於聖王,也沒解決聖王知覺是不是就可靠無疑的問題。或者,這些禮制也許就是聖王對遠古有神論遺風的保留,保留的目的只不過如《易大傳》所說「神道設教」而已。這種種可能墨子都不能排除,所以用今天的眼光看,他的鬼神說仍然是不能成立的。

三、不避權貴

在論證了鬼神存在之後,墨子進而對鬼神的全知全能做了描述。他說:「雖有深溪博林幽澗無人之所,施行不可以不慎,見有鬼神視之。」又說:「故鬼神之明,不可為幽閒廣澤山林深谷,鬼神之明必知之。」

第十一章　崇信傳說：明鬼

舉頭三尺有神明。如果說，人無所逃於天地之間、所在必受上天監視的話，那麼鬼神就是上帝設在各個領域和各個地區專門察知人間善惡的「偵探」。無論在深溪之中或是在幽谷之內，無論在無人之處或是在山林之間，也無論是在職或是在野，人的所作所為都有上帝鬼神監督。

他警告人們說：凡官吏治府貪暴，男女相處淫亂，鬼神必然察知；凡使用暴力手段為亂為暴、做盜做賊，用毒藥兵刃攔路搶劫，鬼神亦必知之。

由於鬼神無所不知、無所不曉、明察秋毫，故當官的不可不廉潔，見善不敢不賞，見暴不敢不罰，做盜賊、攔路搶劫者不敢不止，「是以天下治」。

此外，墨子說鬼神還有不避貴賤、不畏強圉的特點：「鬼神之罰，不可為富貴眾強，勇力強武堅甲利兵，鬼神之罰必勝之。」（《墨子·明鬼下》）鬼神不認富貴眾強，也不因人而異。上帝面前人人平等，鬼神面前亦復如是。為善者受上賞，作惡者受明罰，帝王平民一視同仁。

他說，從前夏桀貴為天子，富有天下，又有大力士「推移大戲」保護；但他上詬天侮鬼、下殃殺萬民，欺天罔民，故「天乃使湯至明罰焉」。

殷王紂與夏桀同惡，而酷刑暴罰過之：他迫害箕子[04]，

---

[04]《墨子·明鬼下》作「賊誅孩子」，舊解「孩子」為小兒，誤。「孩子」實即「箕子」。古音「孩」與「箕」通。《漢書·儒林傳》蜀人趙賓解《易》「箕子之明夷」，

三、不避權貴

逼之佯狂;殺比干,剖其婦之腹,以觀胎兒之化;設炮烙之刑,以炙烤無辜。其所為真是罪惡滔天,罄竹難書。「故於此乎天乃使武王至明罰焉。」

紂為人「資辨捷疾,聞見甚敏;材力過人,手格猛獸;知足以距(拒)諫,言足以飾非;矜人臣以能,高天下以聲」(《史記‧殷本紀》)。他的個人才能堪稱雄桀,還有「勇力之人」費中、惡來、崇侯虎等佞臣在左右,可謂「富貴、眾強、勇力、強武、堅甲利兵」數者皆具。但他還是被武王打敗並被斬首,可見神的力量是無窮的。

故古書《禽艾》曰:「得(德)幾無小,滅宗無大。」有德之人,雖小必賞之;無德之宗,雖大必滅之。賞不避賤,罰不避貴,這就是墨子所了解的公正無私、威力無比的鬼神。

如果有人說,我既不要天下,又不要富貴,我只要平平安安地過闔家團圓的生活,什麼天呀鬼呀,對我都不重要,也用不著祭天祀鬼,浪費財物。墨子對此不以為然,說:「所謂鬼者,有天鬼,有山水之鬼、地方神,有人死而為鬼。誰人沒有早死的父、母、兄、嫂?我們設酒醴粢盛來祭祀他們,如果鬼神確實存在,那麼自然是自己的長輩享受了;如果沒有鬼神,也不要緊,祭品並沒有白白倒入溝壑之中。祭完之後,宗族鄉里聚而共食,這有利於『合歡聚眾』,具有『上以交鬼神之福,

---

箕於為荄茲。「箕」與「荄」通。「荄」、「孩」同聲,「孩子」借為「箕子」。箕子為殷三仁,受紂迫害。

第十一章　崇信傳說：明鬼

下以合歡聚眾、取親乎鄉里』的雙重功能。雖然破費些也是值得的。」墨子講鬼神也是從實用的角度出發。

墨子明鬼的特點是勸人行善，而不在乎祭祀供品。《墨子‧魯問》載，曹公子「祭祀鬼神」，可是「人徒多死，六畜不蕃，身湛於病」，因而懷疑「明鬼」。墨子說：鬼神對人的要求很多，「欲人之處高爵祿則以讓賢也，多財分貧也」，難道僅僅貪圖祭品嗎？「今子處高爵祿而不以讓賢，一不祥也；多財不以分貧，二不祥也。今子事鬼神唯祭而已矣，而曰病何自至哉？是猶百門而閉一門焉，曰盜何從入？」處高爵則以讓賢，多財貨則以分貧，與墨子「兼愛」內容無別，明鬼即是為了兼愛。

可是幽明異路，人鬼難通。墨子雖然列舉了許多歷史上鬼神報應的事例，但都只見於記載，不見於現實。因此常常遭到儒者的反駁，甚至連墨門弟子也不無懷疑。《墨子‧公孟》載：

有遊於子墨子之門者，謂子墨子曰：「先生以鬼神為明知，能為禍（舊衍「人哉」二字）福，為善者福之，為暴者禍之。今吾事先生久矣，而福不至。意者先生之言有不善乎？鬼神不明乎？我何故不得福也？」

子墨子有疾，跌鼻進而問曰：「先生以鬼神為明，能為禍福，為善者賞之，為不善者罰之，今先生聖人也，何故有疾？意者先生之言有不善乎？鬼神不明知乎？」

這是一個兩難判斷，二者必有一假。既然鬼神明智，有善則賞，有罪輒罰；那麼，墨者自苦為極，摩頂放踵利天下，豈為不善？何故幸福不至於墨門，又何故身為聖人的墨子身患疾病？是說學之不善，還是鬼神之不靈？這確實是一個令古今善良的道德家深感頭痛的矛盾命題。儘管墨子竭盡論辯之智巧，也不能回答這本來就沒有解的難題。

四、善意的謊言

梁漱溟認為，中國是一個「理性早啟」的國度，此說很富有啟發性。據《國語・楚語下》載，「古者民神不雜」，鬼神不干擾人世的生活。少皞時九黎亂德，「民神雜糅，不可方物（分別）」，人事與神事互相混雜。顓頊受之，「絕地天通」，民神各就各位。三苗亂德，混淆人神，堯征有苗，再次「絕地天通」（《尚書・呂刑》），民神分為兩途，並行不悖。人事與鬼神不相混淆，鬼神不干擾人世的生活。

其後，「夏道尊命，事鬼敬神而遠之」，「殷人尊神，率民以事神，先鬼而後禮」，「周人尊禮，事鬼敬神而遠之」（《禮記・表記》引孔子說）。三代雖敬鬼事神的程度不同，有時也難免人鬼相參。但人自人，鬼自鬼，事鬼敬神不過是神祕其事、寓教於神道的表面文章而已。

第十一章　崇信傳說：明鬼

自老子、孔子出，這一理性精神得到更進一步發展。老子講「道」，道是純粹形上之學的理念，與鬼神毫無瓜葛。孔子講「命」，命是規律性、必然性，也與鬼沒有關連。還有鄭大夫子產，嚴分「天道」與「人道」，以為「天道遠，人道邇，不相及也」；又明論魂魄的關係，基本排除了人死為鬼的可能性。這實在是理性早啟、理智早開的社會。

在這樣的歷史背景下和學術土壤中，墨子反而以鬼神自鳴、以明鬼相矜尚，在學術史上確實是一件並不光彩的事情。但是，我們說中國「理性早啟」，這恐怕只能指少數有限的大思想家或聖明的統治者；對於廣大生活於無法自主、不能自由的社會底層的人來說，恐怕就得另當別論了。《易大傳》說聖人作易，「以神道設教」；荀子說卜筮決大事，「非以為得之也，以文之也。故君子以為文，百姓以為神」（《荀子·天論》）。這些都明白地告訴人們，「君子」和「百姓」在認知上是有差別的。君子、聖人之所以「神道設教」，端在於有百姓「以為神」這個社會基礎；否則，其「神道」就失去了「設教」的意義。

墨子在思想界業已廣泛懷疑甚至諱言鬼神的時候侈談鬼神，是不是可以從「神道設教」、「君子以為文」這個角度來解釋呢？從墨子談神說鬼的動機和內容來看，完全可以作如是觀。事實上，我們若深察當時史籍，如《左傳》、《國語》，其迷信之風確實是十分濃厚的。墨子學說來自民間，當然會打

上民間世俗的烙印。

何況，人的認識能力即使在目前也還是有限的；對超越既有知識範圍的宇宙奧祕和人體生命現象的了解，至今仍是十分粗淺的。對鬼神這種靈魂的終極存在，目前做出有與無的結論顯然還為時過早。池田大作認為人類認識史上有兩種假說：一種是科學的假說，一種是宗教的假說。科學的假說是可以也必須在理論上和實驗上得到確認的；而宗教的假說則無法透過實驗來證明，它的價值在於說明人們認知上所不能理解的現象，透過檢驗這一判斷或行動是否有效來加以評判。也就是說：「科學的假說所追求的是真偽問題，而宗教的假說所追求的是為改善人們的天性所需要的價值。」（《展望二十一世紀——湯因比與池田大作對談集》）科學的探索在於求真，宗教的追求在於求善。真偽屬於科學領域討論的問題，善惡是宗教領域關心的問題。宗教假說本來無法證明，在識力有限的情況下，一切求證的嘗試都是徒勞的。它的價值不在於是否真實，而在於是否對改善人的天性有益、對指導人的社會實踐有用。墨子的明鬼說，我們亦應作如是觀。

孔子「不語怪力亂神」，而「與命與仁」，用人類理當存在的普遍的愛心（「仁」）和自然社會的法則（「命」）來教化世人，殷殷教戒，不遺餘力。可是，人心固有難以理喻者，故孔子不得不深惜「互鄉（之人）難與言」，也不止一次地對在位的「斗筲小人」深表無奈。如此看來，教化的力量也是有限

第十一章　崇信傳說：明鬼

的。墨子講「天志」，講「明鬼」，為至高無上的統治者製造了天的權威，為在下的愚氓製造了鬼神。勸之不行，而以刑罰懲之；教之不能，遂以鬼神威之。其勸善之心，也是可以理解的。他說：「嘗若鬼神之能賞賢如罰暴也，蓋本施之國家、施之萬民，實所以治國家利萬民之道也。」此正是對這一實用的鬼神觀的明確道白。

第十二章　挑戰命運：非命

命運問題與鬼神、天志一樣，都是人類早期對彼岸世界的臆想，也是對現實社會反常現象困惑的反映。儒家沒有擺脫人類認識史上這一印記，雖然對鬼神抱著「敬而遠之」的謹慎態度，但對天命敬之畏之。墨子是有神論者，對天志、鬼神津津樂道，對命運問題卻竭盡非毀之能事，至比為「暴人之道」、「天下之大害」(《墨子‧非命上》)。其故何哉？

一、驗之「三表」，天命無有

墨子為了論證天命說有害，提出了著名的「三表法」：

何謂三表？子墨子言曰：「有本之者，有原之者，有用之者。於何本之？上本之於古者聖王之事。於何原之？下原察百姓耳目之實。於何用之？廢（發）以為刑政，觀其中國家百姓人民之利。」(《墨子‧非命上》)

「三表」又稱「三法」(《墨子‧非命中》、《墨子‧非命下》)，即「本」、「原」、「用」。本，又稱為「考」(《墨子‧非命下》)，即考察聖人之意，看其是否講命，重在歷史；原，即推本溯源，驗之人民感官，看其是否聞見性命，重在經驗；用，即實驗，將天命學說運用於實踐之中，看其是否興國家

第十二章　挑戰命運：非命

人民之利，重在效果。「三表」，即是三種檢驗真理的標準。

他說：「古者桀之所亂，湯受而治之；紂之所亂，武王受而治之。此世未易（變），民未渝（改），在於桀、紂則天下亂，在於湯、武則天下治。豈可謂有命哉？」（《墨子・非命上》）時代未變，人民未改，桀、紂臨之而亂，湯、武臨之而治。治不治不在命，而在人為。是古聖王非依於命也。此為第一表。

又說：「我所以知命之有與亡者，以眾人耳目之情，知有與亡。有聞之，有見之，謂之有；莫之聞，莫之見，謂之亡。然胡不嘗考生民以來百姓之情，自古及今生民以來者，亦嘗有見命之物、聞命之聲者乎？則未嘗有也。」（《墨子・非命中》）自古及今，人民未嘗見命之形、聞命之聲，怎麼能說有命？此為第二表。

又說：「執有命者之言曰：命富則富，命貧則貧，命眾則眾，命寡則寡，命治則治，命亂則亂，命壽則壽，命夭則夭。命（命定），雖強勁何益哉。上以說（懈怠）王公大人之聽治，下以駔（阻礙）百姓之從事。故執有命者不仁。」（《墨子・非命上》）相信命運，有損於統治者謹慎求治，有礙於百姓努力勞作，於實踐毫無益處。此為第三表。

有命之說，上考之聖王之事無所用，下考之百姓耳目無所見，又用之社會實踐而無益。可見有命之說是虛無的、無益的，甚至是有害的。

二、命運不可靠

命是一種必然性的假定,表示人力無可如何的力量,具有正向和負向雙重意義。

就正向方面言之,命表示一種事物具有必然實現的可能,它激勵人們排除萬難、創造條件來實現它。即使暫時遇到挫折,由於出於對必然性的堅信和執著,人們也會想方設法去克服它。此時,命就有了「替天行道」的使命,成了助成天道、贊天地之化育的激勵因素。

就負向方面言之,既然一切都有必然性在促成(或阻礙),事物的發展變化都是事先規定好了的,人力就成了多餘的內容。子夏「死生有命,富貴在天」的命題,極容易有這種誤導,從而形成聽之任之、得過且過的消極人生觀。

儒家是從正向方面來看待天命的,故始而以命為使命,「窮理盡性以至於命」(《周易·說卦傳》),窮天之理,盡己之性,了解自己的天賦德性,理解天地原理,從而體天意行天道,實現自己的使命。終而在盡人力之後,若因客觀條件未能實現,就可以以命與天性的差距為理由,實現「樂天知命故不憂」(《周易·繫辭傳》)的境界。

墨子反是,他是從負向方面來了解命運學說,認為凡講天命、講必然性,必將陷入宿命論的泥坑;必將消磨人的勃勃生機和進取精神,形成懶惰意識。他說:「昔上世之窮民

第十二章　挑戰命運：非命

貪於飲食、惰於從事，是以衣食之財不足，而飢寒凍餒之憂至。不知曰：我罷（疲）不肖，從事不疾。必曰：我命固且貧。」這是民間懶漢自輕自賤的託詞。又說：「昔上世之暴王，不忍其耳目之淫，心塗（志）之辟（僻），不順其親戚，遂以亡失國家，傾覆社稷。不知曰：我罷（疲）不肖，為政不善。必曰：吾命固失之。」這是衰亂之君亡國的託詞。此外，「執有命者之言曰：上之所賞，命固且（將）賞，非賢故賞也」，「上之所罰，命固且（將）罰，不暴故罰也」。賞和罰都與個人努力無關，「是故入則不慈孝於親戚，出則不弟長於鄉里，坐處不度，出入無節，男女無辨，是故治官府則盜竊，守城則崩叛，君有難則不死，出亡則不送」（《墨子·非命上》）。

執有命，不僅不勤於治國、不勤於理家、不勤於治身，還有廢棄王政、無視賞罰等危害。於是，「以此為君則不義，為臣則不忠，為父則不慈，為子則不孝，為兄則不長，為弟則不弟（悌）」（《墨子·非命上》）。命定論者認為一切皆命中注定，故廢棄人事努力，不盡人間義務。這樣，以力行求生存的社會就會陷入混亂，以自勉為特徵的倫常就會被打破。

墨子由此推出：「今用執有命者之言，則上不聽治，下不從事。上不聽治則刑政亂，下不從事則財用不足。」上不能祭天敬鬼，下不能養民撫士，於天不利，於鬼無益，於人有害——「故命上不利於天，中不利於鬼，下不利於人」（《墨子·非命上》）。而強執此者，真是凶言惡行，暴人之道。

二、命運不可靠

墨子極力反對命定說,目的在於強化政治。他說:「初之列士桀大夫,慎言知行,此上有以規諫其君長,下有以教順其百姓,故上得其君長之賞,下得其百姓之譽。列士桀大夫聲聞不廢,流傳至今。而天下皆曰其力也,必不能曰我見命焉。」(《墨子‧非命中》)個人的賞譽皆力行所致,非命中注定。又說:

今也王公人人之所以蚤朝晏退,聽獄治政,終朝均分,而不敢怠倦者,何也?曰:彼以為強必治,不強必亂;強必寧,不強必危。故不敢怠倦。今也卿大夫之所以竭股肱之力,殫其思慮之知,內治官府,外斂關市、山林、澤梁之利,以實官府,而不敢怠倦者,何也?曰:彼以為強必貴,不強必賤;強必榮,不強必辱。故不敢怠倦。今也農夫之所以蚤出暮入,強乎耕稼樹藝,多聚叔(菽)粟,而不敢怠倦者,何也?曰:彼以為強必富,不強必貧;強必飽,不強必飢。故不敢怠倦。今也婦人之所以夙興夜寐,強乎紡績織紝,多治麻絲葛緒,捆布縿,而不敢怠倦者,何也?曰:彼以為強必富,不強必貧;強必暖,不強必寒。故不敢怠倦。(《墨子‧非命下》)

「強」即努力,「不強」即怠惰。努力是政治清明、國家安穩、個人榮華、人民富足的根本保證;而怠惰則是政治昏亂、國家傾危、個人災難、人民貧窮的根本原因。難怪墨子要批評有命學說,將其比為喪天下之「四政」:「又以命為有,貧富壽夭治亂安危有極矣,不可損益也。為上者行之,必不聽

治矣,為下者行之,必不從事矣。此足以喪天下。」(《墨子・公孟》)又說:

有強執有命以說議曰:「壽夭貧富,安危治亂,固有天命,不可損益;窮達賞罰,幸否有極,人之知力,不能為焉。」群吏信之,則怠於分職;庶人信之,則怠於從事。吏不治則亂,農事緩則貧。貧且亂,倍(背)政之本。而儒者以為道教,是賊天下之人者也。(《墨子・非儒下》)

從來沒有什麼救世主,任何天命都是靠不住的。墨子非命,其核心內容即在於:拋棄幻想,拋棄依賴;一切從我做起,一切從今天做起,一切靠自己的雙手。勤勞創造財富,勤勞締造和平,勤勞創造世界。因此,墨子大聲疾呼:

今王天下之士君子,忠實欲天下之富而惡其貧,欲天下之治而惡其亂,執有命者之言,不可不非。此天下之大害也!(《墨子・非命上》)

三、有命與非命

儒者主有命,認為冥冥之中有一種超乎人力的存在決定著人事的成敗;墨家主無命,將一切成敗利害完全歸於人事的努力。單就這點看來,墨似勝於儒;但是如果從儒、墨兩家的整體思想考察,問題沒有這麼簡單。

從人類認識史看,人類思維可分為有神論階段、形而上

學階段和科學階段。

有神論是對萬事萬物的締造者和主宰力量的神祕化，認為萬物皆為神所造，萬物都具有神性，神也能主宰人類。有神論是人類認識的初級階段，具有膚淺、虛幻的特徵。墨子的天志、明鬼學說可謂是這種思考方式的理論闡述。

形而上學則避開了對締造者、主宰力量的神祕想像，從而做出對萬事萬物背後發揮支配作用的超人力量的假定。這種思維具有抽象性和概括性，在理論上亦具有精緻的特徵。老子的「道」和孔子的「命」就具有這個特點。不過，孔子的「命」具有更多的理性色彩。

科學的思想建立在現代實驗論證和系統邏輯推理基礎上，避開了一切神祕的想像和抽象的假設。它的理論可以複述，可以複製，甚至可以實驗。這是現代科學的思考方法。

從認識的等次上看，儒家的「天命」和道家的「天道」，屬於形而上學階段的產物；墨家的「天鬼」則屬於原始宗教階段的舊意識，遠不及儒、道的認識進步。墨子講天講鬼，既沒有儒家天命的混沌，又沒有道家天道的思辨，無論在理論上，還是在思辨上，都是落後的舊意識。

儒家和道家走著抽象思維的相同道路，將締造者與主宰的超人力量抽象成視之不見、聽之不聞、搏之不得的「命」和「道」。「命」或「道」具有超越人類努力和知識水準的極虛極

第十二章　挑戰命運：非命

幻性質，但它又無時無刻不在影響和干預著人的生活、決定著人的事業成敗。「命」或「道」就是超越性，是必然性和規定性。儒者執有命，相信必然性。孔子曰：「道之將行也與，命也；道之將廢也與，命也。公伯寮其如命何？」（《論語‧憲問》）道的行時與不行時都是命中注定，與人事的阻撓沒有關係。

儒家認為命是天道作用於人的結果，故又稱為「天命」。《禮記‧中庸》說：「天命之謂性，率性之謂道。」《大戴禮記‧本命》說：「分於道之謂命，形於一之謂性。」道即天道，性即人性。「命」是從天道中分出來的，「性」是命在人身上形成的個體特徵，「道」則是統率人性的至上力量。儒家還認為「天命」有自然性和必然性的特點。孟子說：「莫之為而為者天也，莫之致而至者命也。」（《孟子‧萬章上》）天命就是自然形成的決定人事成敗的客觀因素，是人力無法扭轉的。就是這種超人的力量決定人間禍福和成敗利鈍，子夏曰：「死生有命，富貴在天。」因此，儒者對天、對命十分崇敬，孔子說：「君子有三畏：畏天命，畏大人，畏聖人之言。」（《論語‧季氏》）畏者，敬也，並非宿命坐以待斃。儒家主張「知天命」，將「知命」視為知曉必然規律的同義語，視「知命」為安分的前提和有所作為的條件。孔子講「五十而知天命」，而他又五十而後出仕為政，並且「知其不可而為之」，表現了對命運極力抗爭、對使命又虔誠服從的精神。在孔子那裡，「知

三、有命與非命

命」成了知道使命和領受使命的階梯,是有所作為的開端,而不是無所作為的藉口。

孟子說:「存其心,養其性,所以事天也;夭壽不貳,修身以俟之,所以立命也。」(《孟子·盡心上》)心性受之於天,故只要保持原心原性不丟失,就是事天;夭壽皆命中注定,只要修己以待其實現,這就是立命。孟子一方面承認有天有命,一方面又強調人事、人為。天命賴人力而促成,人力待天命而實現。人力是天命的「助產婆」。

在儒家先哲那裡,天命一點也沒有宿命的意思。相反,天命作為正義性和必然性的幻化,倒成了人們努力進取的精神支柱和力量泉源。

墨子對儒家既講天命又講人為,深表困惑。《墨子·公孟》載:「公孟子曰:『貧富壽夭,齰然在天,不可損益。』又曰:『君子必學。』子墨子曰:『教人學而執有命,是猶命葆而去其冠也。』」儒家主張「不知命無以為君子」(《論語·堯曰》),故力學強行以求知命,「窮理盡性以至於命」(《周易·說卦傳》)。學習正是儒者知命樂天的重要手段。只有在透過人事努力實在難以達到時,儒者才「知其不可而安之若命」。天命在人事窮困時正好又是安慰人心的理由,使疲憊的人生不至於在現實的重負下被壓垮。墨者非命,所非者乃是無所作為的宿命論者(對此儒家也是反對的),卻無視儒家堂堂正正的盡人事、聽天命的命。墨子強指儒「以命為有」,是喪天

第十二章　挑戰命運：非命

下的「四政」。如果說用之於俗儒，倒無可非議；若用之於孔孟，則實在有些冤枉。

孔子又曰：「小人不知天命而不畏也，狎大人，侮聖人之言。」小人即知識淺薄、道德低下、目光短淺之人。不知天命，是不知道必然性，更不懂得自己在社會中的位置、人在宇宙中的位置；無視社會秩序、宇宙秩序，得志則妄為，失志則怨天尤人。正如小人不知道德人品之可貴可敬、聖人理論之難得難能一樣，小人不知命，就是不知道自己（包括人類整體）的職分，必有欺上罔下、逆天暴物之行。孔子曰「不知命無以為君子」，豈虛語哉？

過分講非命，過分誇大人的力量、蔑視大自然的威力、鄙視宇宙的奧妙，必然陷入墨子自己所反對的上詬天、下侮民的泥坑。為了人類卑鄙的貪欲不自量力地向宇宙開戰，在知命的聖人眼裡，不過是跳梁小丑而已。司馬遷指出：「天下爭於戰國，貴詐力而賤仁義，先富有而後推讓，故庶人之富者或累鉅萬，而貧者或不厭糟糠。」（《史記‧平準書》）戰國時期「貴詐力而賤仁義，先富有而後推讓」之風的形成，與這種不畏命、不畏聖人、崇尚強力的思想意識，當不無關係。

墨氏不知命為何物而概以宿命視之，不知命有妙用而概以弊政目之，恐怕也是不可取的。

第十三章　義利觀念：利即義

　　梁啟超曾論儒、墨的根本對立，曰：「要而論之，利之大原出於天，而禍福無不自己求之者，此墨學之綱領也，其與儒教之根本差異處即在於是。」又說：「儒墨之異同比較，有最明顯之一語，即儒者常以仁義並稱，而墨者常以愛利並稱是也。曰仁曰愛，同一物也；而儒者以義為仁愛之附屬物，墨者以利為仁愛之附屬物。」並說，公孟子所說「有義不義，無祥不祥」（《墨子・公孟》），孟子批評宋牼以「不利」說秦楚構兵為志大而號卑（《孟子・告子下》），以及董仲舒「正其誼（義）不謀其利，明其道不計其功」（《漢書・董仲舒傳》），就是儒者重義輕利、墨者以愛利為事的明證。於是，儒、墨異同的根本點在義利觀的尖銳對立，遂成為從事儒、墨研究的基調。由此帶來很大誤解，彷彿儒家只重教條式的「義」，而忽視物質性的「利」；墨家反是，只追求實在的「利」，而不講求抽象的「義」。儒者重義輕利，墨者重利輕義，遂成為許多研究文章的共識。

　　我們透過比較研究儒、墨經典，綜合分析儒、墨的義利言論，發現：儒、墨兩家在義利觀上並不是完全對立的，非但不對立、不矛盾，有時甚至相同、相通，足以互相發明、互相補充。

第十三章 義利觀念：利即義

一、以義至上

「義」是什麼，據傳統的解釋，「義」即「宜」。《國語·周語》曰：「義，所以制斷事宜也。」《禮記·中庸》引孔子曰：「義者，宜也。」《釋名》曰：「義，宜也，裁制事物使合宜也。」後世儒者，靡不同之。朱熹《論語集注》曰：「義者，天理之所宜。」《孟子集注》曰：「義者，心之制、事之宜也。」將義的適宜原則視為天地之理、人心之制、事物之度，將義的恰當原則客觀化。無非要告訴人們：義是人類追求合理生活的原則，是合乎天心、順乎民意、中乎物理的普遍精神。人類進入社會生活以來，無不在追求一種既能滿足自己，又能穩定群體的合適原則。這種原則就是「義」，為這種原則所做的追求就是「赴義」（或「取義」）。儒、墨兩家都是以天下為己任的救時濟世學派，「義」的追求首先就是他們的行動綱領。儒家貴義重義，似乎已是無須證明的事實，但將義置於什麼位置是欲做儒、墨利義觀比較研究必須考慮的。孔子曰：

君子義以為上，君子有勇而無義為亂，小人有勇而無義為盜。（《論語·陽貨》）

又曰：

君子義以為質，禮以行之，孫（遜）以出之，信以成之。（《論語·衛靈公》）

一、以義至上

義是「君子」至上的、首要的(「義以為上」)、本質的(「義以為質」)德行和為人處事的原則。一個想要成為君子、有所作為的人，必須以義為首要修養和最高原則。孔子號召人們見義勇為、徙義成德，說：「見義不為，是無勇也。」(《論語·為政》)又說：「聞義不能徙，見善不能改，是吾憂也。」(《論語·述而》)這些不外乎要人們以義為上、以義為本、以義為基。

與之相連繫的是，《周易·說卦》亦將義作為最高原則：

> 昔者聖人之作易也，將以順性命之理，是以立天之道曰陰與陽，立地之道曰柔與剛，立人之道曰仁與義。

「陰陽」是天道的主體內容，「剛柔」是地道的主體內容，而「仁義」則是人道的主體內容。這一方面表明仁義之道是對天地、陰陽、剛柔之道的模擬，人道是天地之道的客觀依據；另一方面，又明確告訴人們，仁與義是人道全部內容的主宰，猶之乎陰陽產生萬物；仁義即是制定人類社會其他一切道德規範的基礎，猶之乎乾坤是易之門；仁義也就是人倫之門，是道德一大關鍵。舉凡《周易》中的「吉、凶、悔、吝、利、厲、無咎」的判斷，都是以其是否義與不義來決定的。「易不可以占險」[05]、「易為君子謀，不為小人謀」(張

---

[05] 《左傳》昭公十二年：南蒯將叛季氏，「南蒯枚筮之，遇〈坤〉之〈比〉曰：『黃裳元吉。』以為大吉也。示子服惠伯曰：『即欲有事何如？』惠伯曰：『吾嘗學此矣。忠信之事則可，不然必敗。……且夫《易》不可以占險，將何事也？』」黃裳元吉本為吉占，但子服惠伯認為用於忠信之事則為吉，用於叛逆之事則不可，其原因就是叛逆者非義也。

第十三章　義利觀念：利即義

載語），即古之明訓。義是《周易》斷定是非、決定吉凶的最高準則。

　　《墨子》一書怎麼講呢？其與《周易》、孔子所論一般無二。墨子曰：「夫義，天下之大器也。」（《墨子‧公孟》）「天下莫貴於義。」（《墨子‧貴義》）天下以義為最可貴，為什麼呢？因為這是天意：「天欲義而惡不義。」（《墨子‧天志上》）又曰：「義果自天出。」（《墨子‧天志中》）墨子尊天，天是人間禍福、人世是非的最高主宰和最後裁判。天的本質是義，天的愛好也是行義，義自然是天地萬物最高尚的德行和原則。故墨子治世，必主「尚同一義」以為政（《墨子‧尚同中》），認為一同天下之義是天下大治的首要條件。天下之義既已統一，在從政時，亦必須時時依義行事，以義定賞罰，以義定富貴，以義定親疏。「是故古者聖王之為政也，言曰不義不富、不義不貴、不義不親、不義不近。」（《墨子‧尚賢上》）又說：「有義則生，無義則死；有義則富，無義則貧。」（《墨子‧天志上》）義就是墨子考察是非的絕對標準。因此，他要求統治者在治理天下之前，首先將義的準則定好，就能遇事不迷、處事不亂。「故古之知者為天下度也，必慎慮其義，而後為之行。是以動則不疑，遠邇咸行其所欲，而順天鬼百姓之利，則知者之道也。」（《墨子‧非攻下》）可見，「義」在墨子心目中占有重要地位。為義就可獲利：「今用義為政於國家，人民必眾，刑政必治，社稷必安。所為貴良寶者，可

以利民也,而義可以利人,故曰:義,天下之良寶也。」(《墨子·耕柱》)如此看,怎能說墨子是重利而輕義的人呢?

墨子還對普遍的義和部分的義做了定性分析。墨子曰:「舉公義,辟(避)私怨。」(《墨子·尚賢上》)「公義」在概念上與儒家的「大義」、「通義」相同。與「公義」相對的即是「私義」。關於公義與私義之別,墨子在〈尚同〉三篇中有周致的比較論述:

> 古者民始生未有刑政之時,蓋其語人異義,是以一人則一義,二人則二義,十人則十義,其人茲眾,其所謂義者亦茲眾。是以人是其義,以非人之義。故交相非也。(《墨子·尚同上》,中、下篇略同。)

人各異義,相為非義,這些「天下之異義」自然是小義、私義,與公義尖銳對立,是天下禍亂之源。為去除亂源,墨子主張「一同其義」,認為「尚同一義可以為政乎天下」(《墨子·尚同下》),使「家君總其家之義」(《墨子·尚同下》)、「鄉長一同鄉之義」、「國君一同國之義」、「天子一同天下之義」(《墨子·尚同上》)。其中,家、鄉、國之義是部分的義,但相對於「一人一義」又是本範圍內的公義;天下之義是公義(這當然是就墨子所了解的「天下」範圍而言的)。定天下之公義,後世謂之「國是」,墨子視其為政治的前提條件。因為它是普遍的,具有廣泛的適應性。

/ 第十三章　義利觀念：利即義

　　由上可知，儒、墨兩家都重義貴義，將義擺在高於一切的位置。儒、墨兩家都是提倡和捍衛正義的義士，也都是勇於「捨生取義」的勇士，不存在重不重義、要不要義的問題，也不存在誰重誰輕的區別。

二、利就是義

　　人類首先必需求得生存，為了生存，不能沒有利，這是不用論證的事實。一切思想家，除非是以人生為苦、以肉身為累的「外道」，沒有不替人類探討利害之源的。他們只有方式方法的不同，而無要不要利的根本區別，儒、墨兩家都是如此。墨子以救時濟世為己志，「摩頂放踵利天下，為之」（《孟子·盡心上》），力倡「興天下之利，除天下之害」，從來不諱言利。他說：「故古者聖王，明天鬼之所欲，而避天鬼之所憎，以求興天下之利，除天下之害。」（《墨子·尚同中》）又說：「仁人之所以為事者，必興天下之利，除天下之害。」（《墨子·兼愛中》）古代為天下興利除害的聖王和欲效法聖人的仁人，也必須「興天下之利，除天下之害」。不僅聖王、仁人如此，就是一般的君主和官員也都要以此為職志，「古者上帝鬼神之建設國都、立正長也，非高其爵、厚其祿、富貴佚而錯之也，將以為萬民興利除害，富貧眾寡，安危治亂也」（《墨子·尚同中》）。天子、諸侯、各級官吏設定的本意並不

二、利就是義

是讓他們享高爵之榮、食厚祿之利、富貴遊樂而已，這些職位的設立，端在於「為萬民興利除害」。基於這樣的認知，墨子講兼愛時，常「愛」、「利」連言。《墨子‧尚賢中》言「愛利萬民」、「兼而愛之從而利之」，《墨子‧兼愛中》言「兼相愛交相利」，《墨子‧兼愛下》言「愛人利人」。愛人必須利人，愛人自然利人，愛人就是為了利人，這是墨子的一貫思想。愛人必須利人，墨子認為這不僅是其一人主觀的提倡而已，還是上天的意志。他賦予了愛人利人以天意的特徵，《墨子‧法儀》曰「天必欲人相愛相利」、「天之於人，兼而愛之，兼而利之」、「愛人利人者天必福之」等，莫不如是。由於墨子講愛必言利，故墨子十分重視實利和實用。在墨子的價值學說中，舉凡有利有用的就是合理的、有價值的，否則就是不合理的、沒有價值的。他說：「用而不可，雖我亦將非之。豈焉有善而不可用者？」（《墨子‧兼愛下》）有用就是善，善必然有用；有用就是真理，是真理必然有用，這就是墨子的邏輯。

為了檢驗是不是善政，墨子為天下王公大人確立了「三利」的準繩，即上以利天、中以利鬼、下以利人。如果「三利」無不利，就是天下之善政；如果「三利」無所利，就是天下之惡政。他提出的「尚賢、尚同、兼愛、非攻、節用、節葬、非樂、天志、明鬼、非命」十大政綱，就是本著實用的原則提出來的，也是根據是否有實利來進行檢驗的。他向弟子傳授心法曰：「國家昏亂則語之尚賢尚同，國家貧則語之節

第十三章　義利觀念：利即義

用節葬，國家喜音湛湎則語之以非樂非命，國家淫僻無禮則語之以尊天事鬼，國家務奪侵淩即語之以兼愛非攻。」(《墨子‧魯問》)這是其實用主義的自白。《墨子‧親士》曰「雖有賢君，不愛無功之臣；雖有慈父，不愛無益之子」，《墨子‧節用中》曰「諸加費不加民利者聖王弗為」，這是其實利主義的自白。墨子認為所謂天下稱譽的大義，就是合乎「三利」準則的：「今天下之所譽義者，其說將何哉？……雖使下愚之人，必曰將為其上中天之利，而中中鬼之利，而下中人之利，故譽之。」(《墨子‧非攻下》)在墨子眼中，舉天下之事，凡有用之物，無非在於有利於人而已。故主「凡言凡動，利於天鬼百姓者為之；凡言凡動，害於天鬼百姓者舍之」(《墨子‧貴義》)。墨子勸導聖王仁人以「興利」為事，建議以利保民，以利聚民，曰：「古者明王聖人所以王天下正諸侯者，彼其愛民謹忠，利民謹厚，忠信相連，又示之以利，是以終身不厭，歿世不卷(倦)。」(《墨子‧節用中》)

那麼，可不可以說墨子是唯利是圖、唯利是愛的「勢利蟲」呢？曰：否也。墨子所言之「利」，非自私自利，而是公利、利他。其所謂「舉天下之利」、「上中天之利，中中鬼之利，下中人之利」之「利」，都是公利；其所謂「交相利」、「愛人利人」之「利」，即利他。公利、利他是墨子反覆闡明、竭力提倡的利。墨子承認私利，但不主張損人自利，而提倡互助互利。他批評「子自愛不愛其父，故虧父而自利；弟自

愛而不愛其兄,故虧兄而自利;臣自愛而不愛君,故虧君而自利」(《墨子·兼愛上》)的損人自利行為,認為其是天下亂源,而提倡「愛人者人人必從而愛之,利人者人必從而利之」(《墨子·兼愛中》)的正當利益的獲得。在他看來,人生存的價值在於興公利、謀利他,而自己的私利正是在公利的興辦中得到實現,自利必待利他而後行,利己是利他的間接結果。一句話,從利他出發,到自利為歸宿;主觀為他人,客觀為自己。反之,如果主觀為自己,或從自利出發,不管他暫時得到多大的利,最終也必然自食其果,身受其害。因為惡必有報,「惡人者人亦從而惡之,賊人者人亦從而賊之」(《墨子·兼愛中》),一切以損人為手段的自私行為都將以不利而報其身。墨子嚴分公利利他與私利自利,他是重利而又不自私的仁人高士。

　　墨家重利,此孟子以來固無異說;說儒家言利,恐怕眾皆戚戚然以為不可了。孔子不明言「君子喻於義,小人喻於利」(《論語·里仁》)乎?不明言「放於利而行,多怨」(《論語·里仁》)乎?《論語·子罕》不明載「(孔)子罕言利,與命與仁」乎?孟子不謂梁惠王「王何必曰利,亦有仁義而已矣」(《孟子·梁惠王上》)乎?荀子不明謂「義之所在,不傾於權,不顧其利」(《荀子·榮辱》)乎?董仲舒不明說「夫仁人者,正其誼(義)不謀其利,明其道不計其功」(《漢書·董仲舒傳》)乎?如此等等,不可列舉矣,奚謂儒家重義而輕

/ 第十三章　義利觀念：利即義

利！故早在 20 世紀初期，梁啟超即謂儒者重義、墨者重利，是二教的根本分歧。方授楚亦謂「凡儒家正統派，大率以義與利不相容也，墨子賤人，亦即小人，故不諱言利」（方授楚《墨學源流》中華書局 1934 年版，第 87 頁，1989 年重版）。似乎儒家只重義理，而忽略物質利益。可是，《周易‧乾‧文言》曰：「利者義之和……利物足以和義。」又曰：「利貞者，性情也。乾始能以美利利天下，不言所利，大矣哉！」子貢問政，子曰「足食」（《論語‧顏淵》）；冉有問治，子曰：「富之」（《論語‧子路》）；又主張「因民之所利而利之」（《論語‧堯曰》）。孟子力言「制民之產」（《墨子‧梁惠王上》）；荀子以「義與利者，人之所兩有也」（《荀子‧大略》）；董仲舒亦力主「限民名（占）田」，打擊豪強。他們並非不關心人民的物質利益，說儒家不言利的結論是非常片面的。（下文還將具體說明，這裡暫不展開）

三、義利合一

儒家重義亦不輕視利，墨者貴利也不忽視義，義利雙修是儒、墨兩家的共同特點。言不言義、重不重利，這是抽象的概念，抽象地談義利是很難做出正確判斷的。儒、墨以什麼為「義」？追求的是什麼樣的「利」？儒、墨對待「義」、「利」關係的態度如何？這是我們從事儒、墨義利觀比較研究

三、義利合一

時必須弄清楚的問題。從這裡我們才能看出兩家價值觀念的差異；而且也正是從這種差異中，我們才可體會出兩家的優劣高下。

從義利的內涵看，儒家的「義」以尊賢為大，以尊尊貴貴為上，維護以尊卑貴賤為核心內容的等級秩序。墨者反對儒家「親親有術（『親親有術』亦稱『親親之殺』，語出《禮記‧中庸》。『術』與『殺』通。『殺』即『差』，唐楊倞注：『差等也』），尊賢有等」（《墨子‧非儒下》），主張兼相愛交相利，實現沒有等級、沒有差別的平等之愛。儒者愛有等差，出於對社會差別這一現實的正視和承認；墨者反對差別，出於對社會不公平的反對和平等社會的嚮往。二者都希望天下和平安寧，老者安之，少者懷之。儒、墨之義，都正大無私，只有差別，沒有邪正。《周易》說：「乾始能以美利利天下。」又屢言「利天下」、「利萬民」，其所重者在公利、在大利。墨子亦曰「興天下之利，除天下之害」，而反對謀私利、求小利。在義利的內涵上，儒、墨兩家實質上是一致的。

在「義」、「利」關係上，儒、墨都有主張義利一致的一面。《周易‧乾‧文言》曰：「利者義之和」，「利物足以和義」。「義」好比等級，「利」好比安寧，「和」好比和諧。等級秩序（「義」）帶來的和平與安寧（「利」）促成各階層的和諧相處（「和」），亦即是合乎安寧的實惠（「利」）促使各階層安（「和」）於嚴格的等級秩序（「義」）。「利」是「義」這一原則

第十三章　義利觀念：利即義

得以順利推行和維護的保證。蘇軾《東坡易傳》曰:「義非利，則慘冽而不和。」陳亮曰:「既無功利，則道義乃無用之虛語爾。」(《習學記言・漢書三》)謂行義，必以功利為前提，都比較合乎《周易》的原意。《周易・繫辭》說「理財正辭，禁民為非曰義」，「理財」即追求經濟效益，「正辭」即司法公平，「禁民為非」即加強社會治安，將「理財」列入「義」的內容。說《周易》是「義利統一」論者，應當是沒有問題的。基於這樣的理解，儒家主張義與利的協調，在義的前提下，從來不排斥功利的謀取。荀子說「義與利者人之所兩有也」，陳亮說「義利雙行」，都是這個意思。這其中的關鍵是要以義為前提，故孔子要求「見得思義」、「見利思義」，讚賞「義然後取」，強調義與利的統一，以免做出見利忘義之事。

在功利與大義相衝突時，儒家要求臨於利害之際的人們毫不猶豫地自拔於功利之外、超脫於物欲之表。孔子說:「不義而富且貴，於我如浮雲。」(《論語・述而》)又說:「富與貴是人之所欲也，不以其道得之，不處也；貧與賤是人之所惡也，不以其道得之，不去也。」(《論語・里仁》)孟子謂「非其義也，非其道也，祿之天下弗顧也」(《孟子・萬章上》)，以及「捨魚取熊掌」、「捨生取義」的妙喻，正是這一通達態度的具體說明。荀子所謂:「義之所在，不傾於權，不顧其利。」(《荀子・榮辱》)所謂「義勝利者為治世，利克義者為亂世」(《荀子・大略》)，亦是這一人生觀的哲學概括。墨子一則說

三、義利合一

「天欲義而惡不義」(《墨子·天志上》),一則說「天必欲人之相愛相利,而不欲人之相惡相賊」(《墨子·法儀》)。天是一個天,欲是天的欲,則《墨子·天志上》所欲的「義」,即《墨子·法儀》所欲的「愛人利人」,「義」即「愛人利人」。《墨子·非攻下》又考察「天下之所譽義者」,即「上中天之利,而中中鬼之利,而下中人之利」,有此「三利」即是義,故《墨子·經上》曰:「義,利也。」很明顯,墨子也是「義利合一」論者。不過,墨子排除了以自利為目的的求利行為,認為自利必以損人為手段,損人者人必損之,終是不利,說到底算不得真正的利。他認為,個人利益只有透過利他手段來實現,我為人人,人人為我,愛人利人者,人恆愛利之;愛人父者人亦從而愛其父。投桃報李,恩恩相酬。墨家又主張視人猶己,為人猶為己,私利在公利中得到體現——「愛人不外己」(《墨子·大取》)。如果個人利益與義相衝突,墨家就會斷然犧牲個人而服從公義,秦墨腹䵍的故事是其典型。

由於儒家的義主要以等級制度為內容,故特別強呼叫利來和義;墨家的義就是兼愛交利,故直接將「義」定義為「利」。義和利在儒、墨兩家的哲學辭典中都是一致的。不僅如此,孔子「見得思義」(《論語·季氏》)、「義然後取」(《論語·憲問》)的教誨,與墨子「有義則生,無義則死;有義則富,無義則貧」(《墨子·天志上》)的論斷,以及他對「倍(背)祿而向義」的高石子的讚賞(《墨子·耕柱》),若合符

/ 第十三章　義利觀念：利即義

節，說明儒、墨都把義放在高於利的位置。義是利的前提條件，利與不利，首先視其義與不義。以義斷利害，以義定是非。如果義與利衝突，儒家將捨生取義，墨家也不會苟且偷生。義崇於利，利從屬於義，也是儒、墨的共同特點。

四、儒、墨義利觀之分歧

儒、墨之間既不存在「言義不言利」或「言利不言義」的區別，又不存在「重義輕利」或「重利輕義」的區別，儒、墨在「義利觀」上本無尖銳對立之處。由此可見，梁啟超和方授楚兩人之說實難成立。但是，墨子非儒，儒者非墨，也是事實。這些分歧必然要反映到義利觀上來。《淮南子·要略》謂：「墨子學儒者之業，受孔子之術，以為其禮繁擾而不悅，厚葬靡財以貧民，（久）服喪生而害事，故背周道（儒者所崇）而用夏政。」這說到了問題的關鍵。儒者從周，周禮尚文，禮以義為核心；墨者用夏，夏政尚質，故直接注重物質利益。具體表現在義利觀上，其差別有二：一是表現在義利觀上的價值取向不同，二是將義利觀運用於社會的著眼點不同。

首先，看取向問題。儒者以義統利、以義生利，義是利的充分而又必要的條件。義是本，利是末；義是體，利是用。這種體用、本末關係決定了儒家在看待義利時，首先考慮的是對義不義的分析。孔子「見得思義」、「義然後取」，合乎義

才可講利,不合乎義雖絲毫不取——「不義而富且貴,於我如浮雲」。就是這一價值取向,決定了儒家將義視為高於一切的人生態度。同時,〈文言〉「利者義之和」、「利物足以和義」的論斷,又明確表明,義和利是兩個東西,或說是一個東西的體和用:義是體,是本質的、主要的東西;利是從屬的、次要的東西。利是和義的手段,義是統利的靈魂;義是主體,利是服務於主體的支輔。它強調的是義無利不便於推行,在行義時不能忽視利;但並不認為利就是義,更不認為利可以代表義,或取代義。義最終可以歸結到利上來,義常常是生利的根本。《左傳》僖公二十七年中所講「德義,利之本也」,正是對這一關係的明確表達。但義之為利僅是公利,對私利來說有時是不完全吻合的。雖然《周易·繫辭》將「理財正辭,禁民為非」視為「義」,但是理財僅是義的一個方面,而不是義的全部。義可以為利,但義不等於利;利可以和義,利有時就是義,但利不等於義。義與利的這種關係,又如禾之於米:禾可出米,但禾本身不是米;米出於禾,但米已不是禾。這就是儒家「義」與「利」的辯證關係。

　　墨家雖然承認以義斷利、義重於利;但是在定義「義」與「利」時,都是以公利、公義為準則,認為公義才是義、公利才是利。墨子認為凡合乎義的東西必然有利,他說:「義可以利人,故曰義天下之良寶也。」(《墨子·耕柱》)「天下所譽義」即上以利天,中以利鬼,下以利人,凡義必有「三利」。

第十三章　義利觀念：利即義

凡不合乎義的東西必然有害無益,「惡人者人必從而惡之,賊人者人必從而賊之」。因此,他說一切損人利己的私利,最終都是不利的,不能算作真正的利。墨子因而形成義必有利的邏輯(《墨子·經上》:「義,利也」);從而又進行反推理,即有利即是義(《墨子·天志中》:「三利無不利是謂天德」)。在《墨子》書中,用「義不義」論證問題者甚少,並常常語焉不詳;而以「利不利」作論據者則比比皆是。翻開《墨子》一書給人的感覺是處處言利、時時講利,而對正義的提倡、大義的闡述反而很少。因為墨子心目中自有一個義即利、利即義的概念,故言義與言利都是一個意思。墨子義即利、利即義的論斷本來是有條件的,他卻常常過分強調,就有失偏頗了。在正義無人主持、公道無人實施的社會裡,善惡之報常常是不能兌現的:伯夷、叔齊義不食周粟,卻餓死首陽山;孔門三千,顏回挺秀,卻屢空早夭;盜跖日殺不辜,食人之肉,橫行天下,卻以壽終;至於在剝削制度下,操行不軌,專犯禁忌,卻終身佚樂、累世富貴者,更是不可勝數。司馬遷就曾深有感慨地質問:「倘所謂天道,是邪非邪?」(《史記·伯夷叔齊列傳》)可見,墨子關於義利的價值觀,反不如儒家的辯證和圓通。

其次,看義利觀的運用。孔子、墨子皆處於天下極亂之世,春秋禮壞,戰國紛爭,「國之與國相攻,家之與家相篡,人之與人相賊。君臣不惠忠,父子不慈孝,兄弟不和調」,

四、儒、墨義利觀之分歧

「強必執弱,眾必劫寡」(《墨子·兼愛中》),政治黑暗,倫常顛倒,秩序混亂,道德淪喪,從上到下,從內到外,無不處於極亂、極衰之中。對春秋戰國的亂世,儒、墨兩家都有相同的認知,也都深表憂慮。但是,正如墨子所說,欲醫疾必知病之所由起,欲理亂必察亂之所從生。儒、墨兩家在考察致亂之源時,卻產生了分歧。儒家認為天下之癥結在秩序混亂,故有等級被衝破、被打亂,也就是「名不正」:「名不正則言不順,言不順則事不成,事不成則禮樂不興,禮樂不興則刑罰不中,刑罰不中則民無所措手足」,故孔子治世,必欲從「正名」著手。正名即使社會秩序化,重建等級制度,這就是「義」。故儒者治世,首先從正其義始。義正則名正,名正則無不正,秩序正常化就是天下之大利。《周易·繫辭》所謂「立人之道曰仁與義」,仁義是人道之大者,也就是治世首當講究的東西。程頤曰「聖人以義為利,義安處便為利」(《二程遺書》卷十六),就是從這個意義上說的。在儒家看來,義是本,君子務本,本立而利生。《周易·坤·文言》謂:好比為人,內心主敬,以義規範言行,敬義一立,就可收「不習無不利」之效[06]。無不利,正是敬義既立帶來的客觀效果,利是義之用。義是出發點,也是目的地;利是手段,也是中轉站。

---

[06] 《周易·坤·文言》釋「直方大」曰:「直其正也,方其義也。君子敬以直內,義以方外,敬義立而德不孤,直方大,不習無不利。則不疑其所行也。」

第十三章　義利觀念：利即義

墨子認為天下大亂、人間罪惡「皆起不相愛」(《墨子·兼愛上》)，亂的根源在於人們相惡相賊。欲救治天下，墨子主張「以兼相愛交相利之法易之」(《墨子·兼愛中》)。愛只是情感，需要實際行動來體現，故墨子兼愛必主兼利（或交利）。情感的愛與實際的利相結合是墨子治天下的法寶。墨子的愛是兼愛，即無等差的愛，愛人猶愛己身，愛人之親若愛己親。墨子的利即平等互利，方法是利他，然後利己。由於墨子將「義」定義為「利」，認為凡行義必以興利為出發點。他屢屢以「興天下之利，除天下之害」相號召，以「富其國家，眾其人民，治其政刑」為行動綱領，以「上中天之利，中中鬼之利，下中人之利」為客觀效果。其核心內容和主觀意圖，不外乎「興利」而已。以為愛心一立，眾惡立消；交利一興，天下立治。天下的種種紛爭、處處不平，都將因愛與利的實行而化干戈為玉帛、化不利為有利。故愛與利乃為政之要、致治之方。墨子孜孜以求者，欲「興天下之利」而已。

五、儒、墨義利觀的不同效果

儒家欲行正義於天下，以義治國，以義正人心，以義重整秩序；墨子欲興天下之利，利天下之人，以兼愛為心，以互利為法，讓天下之人以平等的身分備受其愛、備享其利。其主觀動機不能不說都是高尚可貴的；但是，儒、墨治世方

五、儒、墨義利觀的不同效果

法在效果上又是有差別的,此不可不知。孔子首先注目於正名以正義,但並不反對利:一則認為正名、正義之後本身就可以帶來好處,就可以實現功利;二則孔孟都主張分工,行義是「君子」之事,謀利是「小人」之事。孔子說:「君子謀道不謀食。」又說:「君子喻於義,小人喻於利。」孟子說:「有勞心,有勞力,勞心者治人,勞力者治於人。治人者食人,治於人者食於人。」樊遲請學稼、請學圃,孔子說他是「小人」,其言下之意,無非食、利、稼、圃,皆小人之事,非君子之為,故孔孟不予深講。董仲舒「三年不窺園」,「意在經傳」(桓譚《新論》),曰:「夫皇皇(惶惶)求財利常恐乏匱者,庶人之意也;皇皇(惶惶)求仁義常恐不能化民者,大夫之意也。」(《漢書·董仲舒傳》)這就是此種社會分工理論的形象說明。可見,孔子、孟子和董仲舒並不是反對求利,原因在於君子不當以功利為事,而應從事乎大者、本者,其小者、末者自有小人謀之。其次,由於儒者以義為本為體,以利為末為用,故主張從事乎本與體,而其末其用自得。儒者講正秩序、正人心、正世風、正根本,根本既正,何患不成?如果君子言利,君主亦言利,上行下效,上下交爭,天下豈有不亂之理?這正是春秋亂世致亂的教訓。董仲舒曰:「及至周室之衰,其卿大夫緩於誼(義)而急於利,亡推讓之風而有爭田之訟。故詩人疾而刺之,曰:『節彼南山,維石巖巖,赫赫師尹,民俱爾瞻。』爾好誼,則民鄉(向)仁而俗善;

第十三章　義利觀念：利即義

爾好利,則民好邪而俗敗。」(《漢書‧董仲舒傳》)好利是人的本性,過分提倡其害無窮。孔子以為「放於利而行多怨」、「見小利則大事不成」,故「罕言利」。梁惠王問孟子「何以利吾國」,孟子對「王何必曰利,亦有仁義而已矣」。江都王問勾踐之事,董仲舒對「夫仁者正其誼(義)不謀其利,明其道不計其功」[07]。這些都當作如是觀。司馬遷曰:「余讀孟子書,至梁惠王問『何以利吾國』,未嘗不廢書而嘆也。曰:嗟呼,利誠亂之始也!夫子罕言利者,常防其原也。故曰:『放於利而行多怨』。自天子至於庶人,好利之弊何以異哉!」(《史記‧孟子荀卿列傳》)不常言利,正是怕啟天下逐利之心而導天下致亂之源。程子曰:「君子未嘗不欲利,但專以利為心則有害。唯仁義則不求利而未嘗不利也。」(朱熹《孟子集注》引)朱熹曰:「仁義根於人心之固有,天理之公也;利心生於物我之相形,人欲之私也。循天理,則不求利而自無不利;循人欲,則求利未得而害己隨之。」(《四書集注》)這些言論看似近迂,實為中理。後人頗以空談性理、非議其「滅人欲,存天理」為「以理殺人」,恐怕當具體問題具體分析,不可一概而論。

---

[07] 此見《漢書‧董仲舒傳》。《春秋繁露‧對膠西王越大夫不得為仁》作:「仁人者,正其道不謀其利,修其理不急其功。」文句大致相同,但「不計其功」與「不急其功」,張岱年先生說「語意輕重相去甚遠」。又考證說:「董子講『聖人積聚眾善以為功』,又謂『不能致功,雖有賢名,不予之賞。……則百官勤職,爭進其功』是董子未嘗不重功。疑《春秋繁露》所載,乃董子原語,而《漢書》所記,乃經班固修潤者。」—《中國哲學史大綱》。

五、儒、墨義利觀的不同效果

墨者為了「興天下之利,除天下之害」,主張尚同、尚賢、非攻、節用、節葬,「自苦為極」,「備世之急」(《莊子·天下》),「摩頂放踵利天下,為之」(《孟子·盡心上》),此固捨己利人、忘我救世者也。其所利,天鬼致其享、人民受其惠,堂堂正正,可歌可泣。這對處於水深火熱之中的人民大眾,自然是雪中送炭,因而深受歡迎,墨學也成為與儒學抗衡的一世「顯學」。但是,墨子過分強調實「利」,甚至以用是否有利來衡量是否有用,用是否有用來衡量是與不是。而其所謂利又局限在溫飽冷熱等最低限度的物質獲取上,故非禮非樂,反對一切禮樂文章,連正常的音樂也要一併取消。荀子批評「墨子蔽於用而不知文」(《荀子·解蔽》),正是對墨子狹隘的實利觀中肯的批判。除了追求飽食暖衣這種最基本的需求外,墨家沒提出任何建立高尚文化設施的設想,這實際上限制了墨者建設更大實利社會的手腳,這是墨者只知小利小用、不知大利大用的嚴重局限。此外,墨者過分追求功利,引發了人類好利的本性,只要稍微偏離為天下求利的前提,或是一旦「興天下之利」成了少數權勢人物謀私利的藉口,則極易陷入追名逐利的泥坑。君臣言利,父子逐利,夫婦講利,「天下熙熙,皆為利來,天下攘攘,皆為利往」(《史記·貨殖列傳》),整個社會人欲橫流、競相逐利。但是人欲無限,物質有極,物不勝欲,必致爭戰,天下未有不陷入困境的。而且,過分強調物質利益的獲取,容易造成人為

第十三章　義利觀念：利即義

宇宙中心的誤識。為了填補無限的人類欲壑，人類不惜役使萬物、拓荒宇宙、破壞自然和諧體系，這又必然受到大自然的報復。利欲的助長既可能帶給人類社會巨大進步，又可能造成人類自身的毀滅。人類物欲對宇宙和社會造成的巨大危害，早已引起國際範圍內有識之士的警覺，這種理論的潛在危機恐怕是墨者當年做夢也沒有想到的。

儒家的義利觀雖空疏迂闊，但可避免上述的這種危險。它首先強調秩序，這包括天地自然秩序、人類社會秩序，要求人的任何活動都以不違反秩序為前提。《周易‧乾‧文言》曰：「夫大人者，與天地合其德，與日月合其明，與四時合其序，與鬼神合其吉凶。先天而天弗違，後天而順天時。天且弗違，而況於人乎？」正是這種重視宇宙、人類秩序的崇高境界，帶給人欲橫流的天下一線持久和平的曙光。至此，我們不難分辨出儒、墨兩家「義利觀」的高下與優劣。

第十四章　立身之道：修身

《墨子‧公孟》曰：

告子謂子墨子曰：「我治國為政。」子墨子曰：「政者，口言之，身必行之。今子口言之而身不行，是子之身亂也。子不能治子之身，惡能治國政？子姑亡（作罷），子之身亂之矣。」

這段話是「實踐是檢驗真理的唯一標準」的古代版本。實踐檢驗真理包括兩層意思：一是檢驗真理是否正確，二是檢驗真理是否有價值。真理的價值終歸要落實到行動上來。墨家是救時濟世學派，十分強調實行。理論實行與否有兩個決定因素：一是製造理論的人自己準不準備將學說付諸實踐，是光說不做還是身先士卒從自己做起；二是具不具備將理論付諸實施的素養，如果不具備實踐的素養，主觀即使想實行也會事與願違。告子之流正好犯了這兩個錯。首先是自己「口言而身不行」，口不符行，行不稱言，是個「理論的巨人，行動的矮子」。其次是未能治身，素養不行。一個既沒有實作精神又沒有統治素養的人，口口聲聲說自己能治天下，豈不是滑天下之大稽嗎？墨家主張「口言之身必行之」，故首重「修身」。《墨子》一書中有〈修身〉專篇，且放在全書第二篇的位置，可知墨者對個人修養的極端重視。

第十四章　立身之道：修身

一、君子務本

儒家說：「君子務本，本立而道生。」又說：「孝悌也者其為仁之本與？」《孔子家語》曰：「立身有義，而孝為本。」儒家修身亦重本，不過儒學親親，以孝為本；墨者亦重本，則是實用實行。《墨子·修身》開宗明義指出：

君子戰雖有陣，而勇為本焉；喪雖有禮，而哀為本焉；士雖有學，而行為本焉。

打仗雖講究陣法，但決定戰爭勝負的根本因素是士氣。喪禮雖有禮文節目，但在喪事活動中最根本的原則是內心要哀戚，此即儒家「喪與其易也寧戚」之意。而一個正人君子，雖然重視學說知識，但最根本的是一個「行」字。這是「知行合一」的墨家版本。「行」字在這裡有行動、品行二義。有行動故理論有實效，有品行故理論能付諸實施。「學」與「行」相比，對於君子來說，「行」是更基本、更深層的修養，因此主張先修行再博學。基礎未固是建立不起千尺高塔的：「置本不安者，無務豐末。」（《墨子·修身》）譬如，本國人民還沒親附，就不要招徠遠方之人；親戚還不團結，就不要貪圖遠交；一件事情還沒有結果，就不要同時興辦幾件大事；舉一物還不明所以，就不要追求博聞。同理，修行未成、基本未固，也就不要侈談博學、高蹈的事。

道家就重修行，莊子曰：「道之真以治身，其緒餘以治國家，其土苴以治天下。」(《莊子・讓王》)道家以治身為修行目的；墨者不然，認為修身是治世的先決條件。

二、修身十法

墨子論修身，包括心性、言動、志功、辭氣等方面內容，約有十端。

一曰克己內省。他說，統治天下講究悅近而來遠，君子處世也應修己以悅眾。嚴格要求自己，見到「不修(善)行，見毀(被人攻擊)」，不要譏笑別人，不要有怨氣，而要「反之身者也」，即反省自己是不是有不修之行、是不是有見罪於人之處。這與儒家「見賢思齊焉，見不賢而內自省也」、「吾日三省吾身」的修身方法相同。內省自問、反躬自責，是消除怨恨、培養善行(「即怨省而行修」)的重要步驟。

二曰存善防邪。「譖慝之言，無入之耳；批扞之聲，無出之口；殺傷人之孩(荄)，無存之心。雖有詆訐之民，無所依矣。」不聽詆毀之言，不說攻擊的話，不生絲毫殘害人的心理；口不出惡言，耳不入惡聲，心不存殺念，心思清明，氣象純和。如此這般，縱然長舌之人也沒有地方施其吻唇。這與孔子「非禮勿視，非禮勿聽，非禮勿言，非禮勿動」的克己復禮修仁戒條，以及〈大學〉中「正心、誠意」的功夫異曲同工。

第十四章　立身之道：修身

　　三日自強不息。對此，墨子說了三句話：「力事日強，願欲日逾，設壯日盛。」前一句是重心，後兩句是效果。「力事日強」，即自強不息；「願欲日逾」，即志願超逾；「設壯日盛」，即道德設施日益壯大。這與《周易》中所講的「君子終日乾乾」、「君子以自強不息」同義。

　　四日義取義予。對此，墨子說了四句話：「貧則見廉，富則見義，生則見愛，死則見思。」後兩句是前兩句的結果。居貧有節操，不貪取他人之物；居富有愛心，能分財以濟貧。不貪即廉，能分則義。這就是能夠處理好利害和義利關係。窮而有守，富而能仁，這樣必然生時受愛戴，死後遭懷思。孔子曰「貧而樂，富而好禮」，孟子曰「富貴不能淫，貧賤不能移」，與之相近。

　　五日持中守常。反對一曝十寒，主張持之以恆，而持之以恆的保證是掌握適中的原則。「藏於心者無以竭愛，動於身者無以竭恭，出於口者無以竭馴。暢之四肢，接之肌膚，華髮隳顛，而猶弗舍者，其唯聖人乎？」內心的愛心不要用完，行為舉止不要過謙，言語不要過分馴順，因為一旦過分了就難以持久。任何好心善意，都必須適度。心有常愛，行有常謙，言有常雅，內在的美德澤潤於四肢肌膚，直至華髮頹頂也堅持不懈，這就進入聖人境界了。

　　六日慎交擇友。「據財不能以分人者，不足與友；守道不篤，偏（辨）物不博，辯是非不察（明）者，不足與遊。」賢

者有分財之義,朋友有通財之誼,管鮑相交,正是朋友有財相濟的典型。不能堅持道義、見識淺薄、是非不分的人,與之交遊必受傷害。孔子以「多聞」為「益者三友」之一,俗語說「寧與聰明人提鞋,不與糊塗人共財」,與墨子意思正同。

七曰求實戒虛。「本不固者末必幾」,實行是本,名譽是末。一旦本立,必然末生;一旦功成,必然名至。「行不信者名必耗(敗),名不徒生,而譽不自長,功成名遂。」先有實行,後有名譽,此一定之規。切不可貪圖虛名、虛譽:「名譽不可虛假。」亦不可投機取巧,欺世盜名:「名不可簡而成也,譽不可巧而立也。」立名延譽,只有一步一個腳印地實做,實至而名歸,沒有終南捷徑。

八曰謙虛謹慎。「務言而緩行,雖辯必不聽;多力而伐功,雖勞必不圖;慧者心辯而不繁說;多力而不伐功,此以名譽揚天下。」誇誇其談而不力行,說得再好也沒有人聽;雖有功勞但自吹自擂,再有本事也無人信服。聰明人心知其意,而不煩言絮語;有功勞的謙遜處世,反而能名揚天下。不驕言伐功,也是良士避免「甘井先竭,招木先伐,靈龜先灼,神蛇先暴」(《墨子·親士》)下場的正確方法。《周易》「鬼神惡盈而福謙」即此之謂也。

九曰樸質無華。「言無務為多而務為智,無務為文而務為察。」這是就文和質而言,言不在多,而在於睿智;文不在華麗,而在於見解透闢。墨者貴質尚樸,故務智務察。言

第十四章　立身之道：修身

多若無智,就是廢話;文華而不察,就是華而不實。無智無察,就不能行身處事、做大事業。只有內心真正養成樂善之心,才能永久為善;只有自覺行動,才能堅定不移。任何不是植根於個性修持高的善言善行,都是短暫的——「善無主於心者不留,行莫辯於身者不立」。

十曰力行務實。「君子以身戴行者也。思利尋焉,忘名忽焉,可以為士於天下者,未嘗有也。」戴即載,負荷也;行即行動,實施也。一個名副其實的「君子」首先是力行之士。莊子說墨者「以繩墨自矯,而備世之急」,「形勞天下」,「以自苦為極」,努力為天下辦實事是墨之所以為墨的主要特色。為立清名,不計利害;否則見利而忘名,就不足以為「天下之士」(以上未注出處者俱見《墨子・修身》)。孔子說:「無欲速,無見小利。欲速則不達,見小利則大事不成。」

修己內省、存善防邪屬心性,持中守常、自強不息、樸質無華、慎交擇友屬言動,義取義予、力行務實屬志功,求實戒虛、謙虛謹慎屬辭氣。《墨子・修身》對修身過程中的性體、心志、言談、舉止、得失、功利,以及風格、氣向等內容,都做了比較詳密的論述。《墨子・修身》實是中國最早的一篇修身專論。其中有不少修身養性的格言,至今猶有參考意義。張純一曰:「〈修身〉全篇,實治國平天下之大本。」又說:「墨家教士,首重修身,誠兼愛天下之常經也。」

三、慎師擇友 ── 「所染」

《墨子・所染》闡述環境造人、漸染移性之理，是修身十法中「慎交擇友」的進一步發揮。文章以墨子見染絲興嘆開篇：「子墨子（言）見染絲者而嘆曰：『染於蒼則蒼，染於黃則黃，所入者（染料）變，其色亦變。五入必而已，則為五色矣。故染不可不慎也。』」一束白練投入青黑色中就成了青黑色，投入黃色之中就成了黃色。同樣，投入「五色」的任何一種顏色之中，必然染成五種顏色之一。可見，染絲不可不謹慎選擇。由此他受到啟發說：「非獨染絲然也，國亦有染⋯⋯非獨國有染也，士亦有染。」

五帝三王、春秋五霸所用得人，「所染」得當，故國治政平，王天下，霸諸侯；桀、紂、幽、厲，范中行、智伯、宋康所用非人，「所染」不當，故國破家亡，殺身滅嗣。墨子說君王之所以安天下的祕訣在於「行理」，即按規律辦事，而「行理」的素養「性（生）於染當」。左弼右輔、國師軍相對促成君王正確的決策和正確的處事，至關重要。「故善為君者，勞於論人，而佚於治官。」選拔賢能比具體處理政務要迫切得多、重要得多。

同理，修行中的士也不可不重「所染」，應慎擇師友。墨子說：「其友好仁義，淳謹畏令，則家日益、身日安、名日榮，處官得其理矣。」師友賢，對修身、齊家和治國、延

第十四章　立身之道：修身

譽無不有益。相反,「其友皆好矜奮（驕躁）,創作（自以為是）比周（朋黨）,則家日損、身日危、名日辱,處官失其理矣」。近朱者赤,近墨者黑；習俗移性,風化造人。

古來有識之士都十分重視「所染」。《晏子春秋》載晏子說：「君子居必擇鄰,遊必就士。擇居所以求士,求士所以避患。」孔子嘆「里仁為美」,孟母三遷其宅。《孔子家語·六本》謂：「與善人居,如入芝蘭之室,久而不聞其香,即與之化矣；與不善人居,如入鮑魚之肆,久而不聞其臭,亦與之化矣。」這些都是重視環境影響、講究習染成性的至理良言。

由於墨子見染絲而發現了重大的教育與修身原理,故採百家之所長的《呂氏春秋》照錄墨子〈所染〉全篇,而著〈當染〉。《荀子·勸學》、《大戴禮記·保傅》、《賈子新書·保傅》都受〈所染〉理論的影響。至其練絲之嘆,則成為歷代教育家稱引的掌故,《淮南子·說林》中的「墨子見練絲而泣」、《論衡·藝增》中的「墨子哭於練絲」,皆其明證。墨子對習染移性原理的發現和闡揚,其意義是十分重大的。

此外,《呂氏春秋·疑似》載：「墨子見歧道而哭之。」《賈子新書·審微》載：「墨子見衢路而哭之。」此說墨子貴始、重視修身的第一取向,彌足警世。（《荀子·王霸》作「楊朱哭衢塗」。以上二者必有一誤。）

墨子的修身思想自始至終貫穿了兼愛、勤奮、儉質的精

三、慎師擇友──「所染」

神。兼愛,故修己內省,嚴格要求自己;存善防邪,保持和善清明之心;義取義子,貧則見廉,富則見義。勤奮,故需持中守常、自強不息。儉質,故樸質無華、力行務實、求實戒虛、謙虛謹慎。慎交擇友,謹其「所染」,要求朋友通財,多聞重道,仁義相染,也都是圍繞培養兼愛、勤奮、儉質特質提出來的。說到底,墨子一以貫之的思想即兼愛、勤奮和儉質,修身正是為了使兼愛、勤奮、儉質的墨者特質得到貫徹執行,而兼愛、勤奮、儉質又正是培養合格墨者的核心內容。

第十四章　立身之道：修身

第十五章　治國危機：七患

一、七種易犯的錯

《墨子‧七患》專言治國有七大危機：

「城郭溝池不可守，而治宮室，一患也。」此言國防。治國應理清個人享受、國家安全和人民利益之間的關係。最上的做法是重視人民利益，培基固本。孔子稱讚大禹「卑宮室而致力乎溝洫」，溝洫既治，本業既保，人國樂業。民為邦本，本固邦寧。故禹雖然卑宮室，而有宮室之樂。其次是，雖不能一心重本，但能重視國防，城郭堅固，溝池深廣，亦足以為守。最下是本既不固，城亦無守，而治宮室，國將不國，宮室於我何有？從前東夷之莒國，其君不注意修築城防，有人勸之，不以為然，結果楚人攻之，一辰[08]之間，克其三都。《管子‧霸言》曰：「重宮室之營，而輕四竟（境）之守，所以削也。」這本是非常淺顯的道理，可是偏有無道之君捨本而逐末，重個人享受而忘國家安危，豈不謬哉？

「邊國至境，四鄰莫救，二患也。」此言外交。邊國，指夷狄之國；四鄰，指華夏諸侯。春秋時期，南夷與北狄交，

---

[08]　一辰，古者一日十二辰，每辰二小時。

第十五章　治國危機：七患

中國不絕如縷，民族矛盾異常尖銳。華夏諸侯為了抵抗外族的入侵，常常結為同盟，共同對敵。齊桓、晉文以尊王攘夷團結諸侯，遂成不世之霸業。因此，當時諸侯各國締結攻守同盟是十分必要的。如果沒有外交，緩急之時，無同盟之國共赴敵難，自然是十分危險的。故《墨子·魯問》力主「厚其皮幣，卑辭令，亟遍禮四鄰諸侯，則患可救也」。

「先盡民力無用之功，賞賜無能之人，民力盡於無用，財寶虛於待客。三患也。」此言用財。治臺榭，修丘墓，即無用之功；賞不當賢，泛施恩惠，佞信親舊，無功受賞。這樣一來，既造成民力財富的浪費，又不能發揮激勵士眾、振起士風的作用。財力受損，人心被挫，是雙重損失，豈不為國之患？

「仕者持祿，遊者憂交，君修法討臣，臣懾而不敢拂。四患也。」官員貪圖祿位，不敢負責；交遊之人礙於情面，不能堅持原則；君主專制，大臣不敢違拂。必然職廢不舉，正義不行，君過不匡。大臣失職，君主殘暴，正義得不到伸張，政治自然得不到施行。

「君自以為聖智，而不問事；自以為安彊（強），而無守備，四鄰謀之不知戒。五患也。」此言君德。知人者智，自知者明。可是世之愚人不以自己為不智，往往自以為是，自以為賢。平民如此尚無大患，君主如此，必然拒諫飾非，其

愚更甚。如果僅僅愚昧倒也無妨，只要勤於實踐，善於學習，不難賢智。愚蠢又往往與懶惰聯合，偏偏又「不問事」、懶惰無知，這就無可救藥了。在對外關係上，愚君愚臣常常自以為強大，不修守備；自高自大，鄰國暗算也懵然無知。歷史上輕敵無備而亡國者，不在少數。

「所信者不忠，所忠者不信。六患也。」此言用人。親賢遠佞，用忠排奸，此用人基本法則。齊景公問晏子：「臨國蒞民，所患何也？」晏子曰：「所患者三：忠臣不信，一患也；信臣不忠，二患也；君臣異心，三患也。」（《晏子春秋‧問上》）與此可相發明。

「畜種菽粟，不足以食之；大臣不足以事之；賞賜不能喜，誅罰不能威。七患也。」此言內政。民以食為天，糧食不夠不足以立國，故子貢問政，孔子曰「足食」；人才匱乏不足以治事，故國政不理。賞不當賢，則善者不勸；罰不當罪，故暴不能禁。國不立，事不治，善不行，暴不止，豈不危險？

七患涉及國防、外交、內政、用人、刑罰、經濟等方面，如果這些方面都出問題，那必然國將不國了。「以七患居國，必無社稷；以七患守城，敵至國傾；七患之所當，國必有殃。」

/ 第十五章　治國危機：七患

二、重農與固本

七患之中，墨子尤其對「畜種菽粟，不足以食之」致意甚厚。故他論列了「七患」之後，還對重視農本問題做了長篇論述。他說：「凡五穀者，民之所仰也，君之所以為養也。故民無仰則君無養，民無食則不可事（使）。故食不可不務也，地不可不力也，用不可不節也。」糧食是聚民的起最低限度條件。無食無糧，雖慈母不能保其子，君主又怎麼能使喚其民呢？聖人特別重視糧食生產：「且夫食者，聖人之所寶也。」孔子將足食、足兵、民信視作為政三寶，墨子亦認為：「食者國之寶也，兵者國之爪也，城者所以自守也，此三者國之具也。」將食、兵、城防視為立國三具。為了保證和增加糧食的產量，墨手提出了一些較好的設想。即以時生財，強本節用；以糧為上，貶抑珠玉；加強積儲，以備水旱。墨子曰：

財不足則反之時，食不足則反之用。故先民以時生財，固本而用財則財足。（《墨子·七患》）

此即以時生財，強本節用。中國地處溫帶，農業的季節性很強。《尚書·堯典》曰：「食哉唯時。」即此意。管子曰：「無奪民時，則百姓富。」（《國語·齊語》）孔子曰：「使民以時。」都是要求統治者不違農時。墨子亦然，「反之時」，即「以時生財」。興役舉事，不違農時。《墨子·辭過》謂：「以其常役，修其城郭，則民勞而不傷；以其常正（徵），收其租稅，則民

費而不病。民所苦者非此也,苦於厚作斂於百姓。」孔子曰:「愛之能毋勞乎?」愛民並不是不讓人民服役,關鍵是使民有時,用民有節。墨子的「常役」、「常徵」,即對人民做有限削剝,不額外增加人民負擔。他反對戰爭、反對音樂、反對王公大人奢侈的衣食住行和珠玉犬馬,在相當程度上就是要反對影響農業生產。

以時生財與節約用財結合起來,就可使財富常足而不虧,就可以應付各種不虞之憂。他說,自古帝王都不能常保五穀常熟、風調雨順,但是能做到水旱無憂,其原因何在呢?不外乎「其力時急,而自養儉也」,「其生財密,其用之節也」。「力時急」,即努力按季節從事生產;「自養儉」,即節用。在墨子的經濟學辭典中,時間就是金錢,節約就是生財。生產努力,不違農時,生財積極,在消耗上又力倡節儉,自奉極薄,自然財力大增。

《說苑‧反質》又載:

禽滑釐問於墨子曰:「錦繡絺紵,將安用之?」墨子曰:「惡,是非吾用務(急於從事)也。⋯⋯今當凶年,有欲予子隨侯之珠者,不得賣也,珍寶而以為飾;又欲予子一鍾粟者,得珠者不得粟,得粟者不得珠,子將何擇?」禽滑釐曰:「吾取粟耳,可以救窮。」墨子曰:「誠然。則惡在事乎奢也?長無用,好末淫,非聖人之所急也。故食必常飽然後求美,衣

第十五章　治國危機：七患

必常暖然後求麗，居必常安然後求樂。為可長，行可久，先質而後文，此聖人之務。」

這段文字強調以粟為上，貶抑珠玉。不過，《墨子·節用上》說：「有去王公大人之好聚珠玉鳥獸犬馬，以益衣裳、宮室、甲盾、五兵、舟車之數。」主張徹底取締王公大人的珠玉鳥獸犬馬，這裡又主張「先質而後文」，承認可以在「食飽」之後「求美」，「衣暖」之後「求麗」，「居安」之後「求樂」，在一定條件下，可以保留和發展珠玉等奢侈之物。看來有些矛盾。其實，墨子何嘗不知道音樂之悅耳、美色之悅目、廣廈之適身？可是，在人民還缺乏最低限度的生活資源時，怎能容忍王公大人「暴奪民之衣食之財」以供其玩好呢！故《墨子·節用上》主張過而廢之。《淮南子·齊俗》載「神農之法」曰：「不貴難得之貨，不器無用之物。」正表明在原始狀態下，人們普遍關心的是對人類生存的有用和有利之物，而忽視的正是無用和不利的奢侈品。這是在物質財富不十分豐富情況下的務實主張。

如果生產積極，而消費節約，就不怕天災人禍了；反之則會有問題。「為者疾，食者寡，則歲無凶；為者緩，食者眾，則歲無豐。」（《墨子·七患》）《禮記·大學》謂：「生財有大道，生之者眾，食之者寡；為之者疾，用之者舒（緩），則財恆足矣。」財有餘，力有備，天災水旱都不在話下。《尚書·夏書》說：「禹有七年水。」《尚書·殷書》說：「湯有五

二、重農與固本

年旱。」遇到的自然災害都極其深重,卻沒有人民挨餓受凍的現象,其原因也就在於生財密、用財節。

除了努力發展生產、增加收入外,墨子還主張應積極備荒、加強積儲。他說:「倉無備粟,不可以待凶飢……時年歲善,則民仁且良;時年歲凶,則民吝且惡。夫民何常此之有?」(《墨子·七患》)與孔子「君子固窮,小人窮斯濫矣」,孟子「若民則無恆產,因無恆心」之說一樣。墨子還引證《周書》「國無三年之食者,國非其國也。家無三年之食者,子非其子也」,來說明「儲備」對保民的重要性(《墨子·七患》)。墨子所引,見於《逸周書·文傳》「夏箴」,原文是:「小人無兼年之食,遇天飢,妻子非其有也。大夫無兼年之食,遇天飢,臣妾非其有也。國無兼年之食,百姓非其有矣。」注意積貯,以禦水旱,人民免於災害之苦,國家就可長治久安,這與孟子所謂「明君制民之產,必使仰足以事父母,俯足以畜妻子,樂歲終身飽,凶年免於死亡」,是同一用心。

為了表示君主對水旱之災的重視,墨子還搬出了水旱與民同憂的古訓,說:

五穀盡收,則五味盡御於主,不盡收則不盡御。一穀不收謂之饉,二穀不收謂之旱,三穀不收謂之凶,四穀不收謂之餽(匱乏),五穀不收謂之飢。歲饉則仕者大夫以下皆損祿五分之一,旱則損五分之二,凶則損五分之三,餽則損五分之四,飢則盡無祿,稟食而已矣。故凶飢存乎國人,君徹鼎

食五分之五,大夫徹縣(懸樂),士不入學,君朝之衣不革制,諸侯之客,四鄰之使,雍食(飧)而不盛,徹驂騑,塗不藝,馬不食粟,婢妾不衣帛,此告不足之至也。(《墨子‧七患》)

根據水旱災害的不同程度,君主和士大夫要在享受上有所節減,以表示統治者與人民憂樂與共的心意。其實,這不僅可以在非常時期節省開支,而且更重要的是,可在非常時期收買人心,是很值得深思的。

附錄

一、見仁見智說墨源
——墨學源流敘說

墨子的學術淵源前人亦多見仁見智之說。一說本之堯舜，一說源自夏道，一說出於「清廟之官」，一說受宋文化之薰陶，一說祖於晏子……不一而足。

（一）宗於堯舜說

起於堯舜說，首見《韓非子・顯學》，謂：「孔子墨子俱道堯舜，而取捨不同，皆自謂真堯舜，堯舜不復生，將誰使定儒墨之誠乎？」司馬談〈論六家要旨〉進一步申說：「墨者亦尚堯舜道，言其德行曰：『堂高三尺，土階三等，茅茨不翦，採椽不刮；食土簋，啜土刑，糲粱之食，藜藿之羹；夏日葛衣，冬日鹿裘。』其送死，桐棺三寸，舉音不能盡其哀；教喪禮，必以此為萬民率。」

不過，韓非、司馬談於此僅言墨學祖述堯舜，託古見志，並未明言墨學出於堯舜。方授楚《墨學源流》（中華書局 1940 年版，第 71 頁）謂「韓非與司馬談以為原於堯舜」，似不可靠。

（二）祖於大禹說

起於夏道說，見於《莊子·天下》和《淮南子·要略》。

《莊子》述：「墨子稱道曰：『昔者禹之湮洪水，決江河，而通四夷九州也，名山三百，支川三千，小者無數。禹親自操橐耜，而九雜天下之川，腓無胈，脛無毛，沐甚雨，櫛疾風，置萬國。禹大聖也，而形勞天下也如此。』使後世之墨者，多以裘褐為衣，以跂蹻為服，日夜不休，以自苦為極。曰：『不能如此，非禹之道也，不足謂墨。』」

《淮南子》謂：「墨子學儒者之業，受孔子之術，以為其禮煩擾而不說，厚葬靡財而貧民，（久）服傷生而害事。故背周道而用夏政。禹之時天下大水，禹身執虆臿，以為民先，剔河而道九岐，鑿江而通九路，辟五湖而定東海，當此之時，燒不暇（排去）撌，濡（沾溼）不給扢（揩拭），死陵者葬陵，死澤者葬澤，故節財、薄葬、閒服生焉。」

莊子謂墨宗崇「禹之道」，淮南子謂墨「用夏政」，已明顯有墨學出於夏道的意思。

清人孫星衍為畢沅《墨子注》作序、跋時，更發明此說，謂：「墨子與孔子異者，其學出於夏禮……淮南王知之，其作〈要略訓〉謂（略）。」又說：「墨子有節用，節用，禹之教也。孔子曰：『禹菲飲食，惡衣服，卑宮室，吾無間然。』……又有明鬼，是致孝鬼神之義；兼愛，是盡力溝洫

之義。孟子稱墨子『摩頂放踵利天下，為之』；而莊子稱『禹親自操橐耜，而九雜天下之川，腓無胈，脛無毛，沐甚雨，櫛疾風』；列子稱『禹身體偏枯，手足胼胝』；呂不韋稱『禹憂其黔首，顏色黎黑』……其節葬，亦禹法也。」又跋謂：「《列子・楊朱》：禽子曰：『以吾言問大禹、墨翟，則吾言當矣。』（張）湛注謂：『禹、翟之教，忘己而濟物也。』亦星衍往言墨子夏教之證。」孫氏之說言而辯，持亦有據。但是，仍有許多疑點。

首先，孔子之時，已說：「夏禮吾能言之，杞不足徵也；殷禮吾能言之，宋不足徵也。文獻不足故也。」孔子尚嘆「文獻不足」，後生之墨子何以得夏代文獻而治其學焉？此其一。

其次，若說墨學與夏道相類則可，豈能以相類即謂其相師從？汪中《述學・墨子後序》已指出：「謂墨子之學出於禹，其論偉矣！非獨禽滑釐有是言也，莊周之書則亦道之曰：『不以自苦為極者，非禹之道。』是皆謂墨之道與禹同耳，非謂其出於禹也。」

再次，更重要的是，《墨子》書中並無一言半語提及宗崇禹道，更無學出夏禹的自白。汪中考曰：「墨子質實，未嘗援人以自重，其則古昔、稱先王，言堯舜禹湯文武者六，言禹湯文王者四，言文王者三，而未嘗專及禹。墨子固非儒而不非周道也，又不言其學出於禹也。」

最後,說節用、節葬本之夏制,若然,原始人卉服、野葬及司馬談所述堯舜之儉,必有過於夏者,何不說其學出於荒古猿人乎?可見出於大禹之說也是靠不住的。那麼,《莊子》、《淮南子》根據什麼說墨子崇禹、法夏呢?汪中認為乃墨家後學「託於禹以尊其術」,一語道破機關,可以成為定論。

(三) 清廟之守說

清廟之守說見於《漢書‧藝文志》,謂:「墨家者流,蓋同於清廟之守。」《漢書‧藝文志》本諸劉歆《七略》,《七略》本諸劉向《別錄》,則清廟之說,實劉向、劉歆、班固三人相傳之說。清廟,即肅然清靜之宗廟。守,楊樹達《漢書窺管》、余嘉錫《四庫提要辯證》俱疑「官」字之誤。墨學何以與清廟之官發生淵源呢?

《漢書‧藝文志》的理由是:「茅屋採椽,是以貴儉;養三老五更,是以兼愛;選士大射,是以上賢;宗祀嚴父,是以右鬼;順四時而行,是以非命;以孝視天下,是以上同。」

這些理由實甚牽強。《漢書‧藝文志》著錄墨家著作六種,首錄〈尹佚〉二篇,注:「周臣,在成、康時。」其次為〈田俅子〉、〈我子〉、〈隨巢子〉、〈胡非子〉,最後才是〈墨子〉。綜合序文及著錄順序,其意思是尹佚為清廟之官,乃墨學之祖。

《隋書‧經籍志序》亦秉是說:「《漢書》以為本出清廟之守。然則《周官》宗伯『掌建邦之天神、地祇、人鬼』,肆師『掌立國祀及兆中廟中之禁令』,是其職也。」

明代胡應麟《九流緒論》即主是說。

《呂氏春秋》也有類似記載,〈當染〉謂:「魯惠公使宰讓請郊廟之禮於天子,桓王(當作平王)使史角往,惠公止(留)之,其後(其後裔)在於魯,墨子學焉。」二劉、班氏之說蓋本之《呂氏春秋》。

宋翔鳳曰:「魯請郊廟之禮,而王使史角往,則正是清廟之官。」又說:「尹佚即史佚,角蓋佚之後。」

汪中力主是說,以為:「劉向以為出於清廟之守,夫有事於廟者,非巫則史,史佚、史角皆其人也。」(〈墨子後序〉)

章太炎力主諸子出於王官說,其《諸子學略說》亦申明此說:「墨家先有史佚,為成王師,其後翟亦受學於史角(當學於史角之後——引者)。」江瑔《讀子卮言》亦謂:「墨子之學出於史佚、史角。」似乎可為定論。

但是,劉、班、章「諸子出於王官」之說已為胡適所破,其〈諸子不出王官論〉力主「諸子之學皆春秋戰國之時勢世變所產生」,深入人心,已成學林共識。墨家出於「清廟之守」乃誤說,自不待言。

既然墨子曾受學於史角之後,其學說曾受史官影響則是

211

可能的。即使史角不是尹佚後人，然〈尹佚〉之書漢時尚傳兩篇，劉、班將之列入墨家之首，則其內容必與墨學相近。墨子轉益多師，史氏之書乃墨學一源，卻不能因此而論定墨學出於史官。

(四) 宋文化薰陶說

宋文化薰陶說，清人俞正燮《癸巳類稿》卷 14 有專門論說，俞主墨子宋人說，以為「兼愛非攻，蓋宋人之敝」。因為《左傳》記載：宋襄公就是一位「不重傷，不擒二毛」的愚人；非攻，就是華元、向戌的弭兵。儒者法後王，故從周；墨子為殷後宋人，故不忍法周而法古。

馮友蘭本主墨子魯人說，但其《中國哲學史》上冊仍相信此說，認為「宋人以愚著稱」（閻若璩《四書釋地又續》「宋人」亦證「宋多愚人」），如揠苗助長、守株待兔等掌故皆宋人，莊子說墨子「其生也勤，其死也薄，其道大觳」，「以自苦為極」，是愚不可及的典型，「亦有宋人之風」。並說，墨子先在魯國受孔子影響，後來為宋大夫，又受宋人兼愛非攻之教的影響，故成其為墨學。

此說已受方授楚批評，《墨學源流》第 23 頁舉出《墨子·非儒》的力證，證明宋襄公式的兼愛非攻乃墨子所譏諷，以為「不義莫大焉」！相反，墨子主張「聖王為世除害，興師誅罰」，鋤除天下之殘賊！怎麼能說墨子為愚人呢？

（五）出於晏子說

出於晏子說，起於近人蒙文通。

1938年，蒙文通在其所著〈論墨學源流與儒墨匯合〉一文中立「墨學原始於晏子」一節，其大意說：墨子為孤竹國之後，孤竹為北戎；墨學行於代與中山，亦為戎狄之國，可見墨學乃戎狄之教。晏子係萊之夷維人，是被齊所滅的萊夷後裔，與墨子同是戎狄之人。柳宗元既疑《晏子春秋》一書為墨者後學所撰，其書又多尚同、兼愛、非樂、節用以及反對厚葬久喪的思想，《晏子春秋》還非儒、明鬼，可見晏、墨一源。墨子非儒，多引晏子為說，可見墨子祖於晏子，「晏為未至成熟之墨學，墨則晏子思想之推至於極者」。就像子產是法家之先河一樣，晏子亦墨學之先驅。

發現晏、墨學同，並非始自蒙文通，揚雄《法言·五百》已曰：「墨、晏儉而廢禮。」已將晏子與墨子並列。張湛《列子·楊朱》注：「晏嬰，墨者也。」（張純一以為《法言》注，誤）柳宗元不滿《漢書·藝文志》將《晏子春秋》錄於儒家，力主錄於墨家；晁公武《郡齋讀書志》、馬端臨《文獻通考·經籍考》俱從之。薛季宣曰：「柳子厚《辨晏子春秋》以為墨者齊人尊著晏子之事以增高己術者，其言信典且當矣，雖聖人有不易。」（《浪語集》卷27）項安世曰：「夫以墨子之行既過乎儉，而其於出處之際所主又如此，則其為墨子之學明甚。

附錄

談者相承謂之『墨晏』,豈苟然哉。」(《項氏家說》卷9)

其後王應麟、焦竑、章學誠、洪亮吉等人都認同此說,詳見吳則虞《晏子春秋集釋》附錄。

但他們或只承認晏書為墨者所撰,非晏嬰自為,更不承認晏嬰為墨學,如柳宗元即曰:「非晏子為墨也,為是書者之道也。」或以晏嬰之學與墨子近,二者並無承受關係,如洪亮吉說:「晏子不可稱墨家,蓋晏子在墨子之先也。……即如宗元之意,亦當謂開墨子之先,不得謂墨氏之徒也。」(《曉讀書齋初錄》)至1930年,張純一作《晏子春秋校注》自序謂:「晏子時知晏子者,孔子一人而已」,「晏子後知晏子者,墨子一人而已」。又說:「綜核晏子之行,合儒者十三四,合墨者十六七。」斯不誤矣。但其結論是:「晏子生為貴冑,而務刻上饒下,重民為治,進賢退不肖,故能以其君顯,純臣也。其學蓋原於墨、儒,兼通名法道家。」其1936年出版的《墨子集解》附〈墨稱之探本〉又重申此說:「讀《晏子春秋》,綜核晏子之行,為人者重,自為者輕,無非墨行;墨子稱其知道者再,晏子固然墨者。」是說本之四庫館臣,《四庫全書總目提要》謂:「薛季宣《浪語集》又以為《孔叢子·詰墨》諸條今皆見《晏子》書中,則嬰之學實出於墨。蓋嬰雖略在墨子前,而史角止魯實在惠公之時,見《呂氏春秋·仲春紀·當染》,故嬰能先宗其說也。」認為在晏、墨之前,本已有墨學;但也沒提出墨學出於晏子的見解。

(六) 孤竹東夷傳統

以上諸家，以蒙文通「墨學為代與山戎、孤竹、東夷、貉族之教」、「晏子為墨學之前驅」說值得參考，但猶有剩義。

首先我們認為，胡適〈諸子不出王官論〉是對的，其意以為「諸子之學自老聃、孔丘至於韓非，皆憂世之亂而思有以拯濟之，故其學皆應時而生，與王官無涉」。亦如方授楚所說：「墨學由墨子之時代、環境、出身及其個性所決定，而非墨子以前所能有也……墨學乃墨子以前所無，由其一人倡導而成，誠所謂『開山祖師』也！」(《墨學源流》中華書局1940年版，第71頁) 正如儒學創自孔子一樣，墨學創自墨子也是不用做太多論證的。

不過，墨學的誕生也不是無本之木、無源之水，而是有其歷史的繼承性，這種繼承性當然是多源的。比如墨子從史角之後學習，熟知古代歷史，其書中屢稱「百國春秋」當得力於史氏；墨子精於辯術、長於軍事、巧於製作，不可能無師自通，亦當有所師承。但使墨學之成為墨學的最主要的源流，則有二焉，即墨氏仁愛貴儉之家學和積極救世的孔氏儒學。

蒙文通論「墨學非華夏之教」，引《淮南子・人間》「代君為墨而亡」、《呂氏春秋・應言》中山以墨者為師、《韓非子・外儲說左上》中山行墨者之教，證墨學行於戎狄之國；引《元

和姓纂》(亦見《史記·伯夷列傳》索隱引應劭:「孤竹,伯夷之國也,其君墨胎氏」)、章枚叔(太炎)說,證墨翟為孤竹國後,原本狄族[09];引《說文解字·人部》「夷俗仁」、《漢書·地理志》「東夷天性柔順」、《韓非子·五蠹》「徐偃王好行仁義」(偃王為徐夷),證「墨子言仁義,固東夷孤竹之舊俗」。章章有據,可謂不刊之論。

這裡我們要補充的是:其一,《山海經·海內經》載:「東海之內,北海之隅,有國曰朝鮮、天毒,其人水居,偎人愛之。」郭璞注:「朝鮮今樂浪郡」,「天毒即天竺國,貴道德,有文書、金銀、錢貨,浮屠出此國中也。晉大興四年,天竺胡王獻珍寶。」王崇慶曰:「天毒疑別有意義。」

天毒,即天竺,但不是印度之天竺。郭說天竺即古印度,在中國西南,與《山海經》所謂「東海、北海」方位不合。王崇慶說「別有意義」,已否定郭氏說法。但別有何義,王未明說。此天竺,很可能就是孤竹,竹與竺通用。天即大也。天竺即大竹國。「偎人愛之」,偎即愛,「愛之」一本作「愛人」。前人謂「偎愛之義,亦如來大慈之訓矣」(《弘明集·宗少文〈明佛論〉》),說愛人就是佛法,這自然荒誕,卻與「夷俗仁」所載甚合。

---

[09] 按《路史》、《史記索隱》謂禹封炎帝后姜姓於台,是為墨台;成湯元年正月三日丙寅封孤竹。姜姓華夷同奉炎帝為始祖,春秋時姜戎與諸夏姜姓諸侯即如此,孤竹當是姜姓之戎所建,姜為姓,墨台其氏也。參拙著《春秋時期少數民族分布研究》第七章。

其二，仁愛不僅是東夷孤竹之舊俗，還是墨氏家學精神。《潛夫論·贊學》：「禹師墨如，湯師伊尹。」盧文招：「墨如，疑是墨台。」汪繼培箋：「按《路史·後紀四》謂：『禹有天下，封怡以紹烈山，是為墨胎。』《路史·國名紀》：『一云怡，一曰墨怡。即墨台。禹師墨如，或云墨台。』」張純一謂：「翟祖大禹，即祖墨如，而墨稱之本著明矣。禹王天下，色尚黑，執玄珪，蓋禹以墨為道。」墨如是禹師，乃墨子遠祖，墨子既繼承家學，不必祖師大禹。世人知墨學與大禹之道相同，禹又是一代聖王，百世所師，遂謂墨子遠師大禹，用夏道；殊不知乃是禹宗墨氏之學，而不是墨學祖於禹。

其三，孤竹國貴族集團確實具有較高的文化素養。墨如為大禹師，其後「殷湯三月丙寅日封」於孤竹（在遼西），甲骨文中有「竹婦」、「竹侯」等名，專家們考證即孤竹女、孤竹君。《逸周書·王會》亦有孤竹朝賀周成王的記載，孤竹實乃歷史悠久的古國。《爾雅·釋地》：「孤竹、北戶、西王母、日下謂之四荒。」孤竹成了代表北部中國的一個標誌。1973年於遼西喀左縣（今喀喇沁左翼蒙古族自治縣）北洞發現的商晚期銅器上有「孤竹」國名，可見文獻之孤竹並非子虛烏有。孤竹國傳至殷末，其君墨胎（《史記索隱》引《韓詩外傳》）有二子，即伯夷、叔齊，遭紂之亂居北海。從他們的言論和行事看，已粗具墨者之教。二子讓為國君，避世高隱，武王伐紂，叩馬而諫，責武王以「仁、孝」（《史記》有專傳）。仁、

孝固《墨子》書中所常稱道的倫理。孔子曰:「伯夷叔齊,不念舊惡,怨是用希。」此即《莊子》所稱墨道「非鬥」、「不怨」,亦即兼愛、非攻之意。孔子又說:「不降其志,不辱其身,伯夷叔齊與?」孟子說:「伯夷,非其友不友,不立於惡人之朝,不與惡人言……」又曰:「伯夷叔齊,聖之清者也。」這種不事王侯、高尚其事的孤介人格,與《墨子·修身》「貧則見廉,富則見義」、慎交擇友等思想相合。可見孤竹文化素養素來很高,且以仁義、非攻、潔身自愛為特色,這些正是墨學建立的重要基礎。

其四,《公羊傳》宣公十五年:「古者什一而籍,寡乎什一,大貉小貉。」何休注:「蠻貉無社稷宗廟百官制度之費,稅薄。」《孟子·告子下》:「夫貉,五穀不生,唯黍生之,無城郭、宮室、宗廟、祭祀之禮,無諸侯幣帛饔飧,無百官有司,故二十取一而足也。」趙岐注:「貉在北方,其氣寒,不生五穀,黍早熟,故獨生之。無中國之禮,如此之用,故可二十而取一而足也。」貉族,與孤竹相鄰,其地不產五穀,不事中國之禮,此乃夷狄之共性,孤竹宜與之同,正是墨子節用、節葬、非樂、非儒之繁禮的文化背景。

其五,從學術特色看。《尸子》說「墨子貴兼」,《孟子》說「墨子兼愛」,《呂氏春秋》說「墨子貴廉(兼)」。梁啟超《子墨子學說》謂「墨子以兼愛立教」;《墨子學案》說墨子的「根本觀念」是「兼愛」。這說明墨子學說的核心是「兼愛」。

曹耀湘《墨子箋》謂墨學三大旨即兼愛、儉、勤。其兼愛、尚儉固亦東夷之俗；至於「勤」字，論者頗以墨宗大禹之勤身治水、親執耒耜以為天下先，而禹實師墨如，則勤奮亦是墨氏之傳統。

又嘗考之《呂氏春秋》，墨子之尚賢、上功之學，亦東夷舊貫。《長見》載：「呂太公望封於齊，周公旦封於魯，二君者甚相善也，相謂曰：『何以治國？』太公望曰：『尊賢上功。』周公曰：『親親上恩。』太公望曰：『魯自此削矣。』周公旦曰：『魯雖削，有齊者亦必非呂氏也。』」相同的記載還見於《漢書‧地理志》。魯周公以「親親上恩」為治國指導思想，其特色是重倫理；齊太公以「尊賢上功」為治國指導思想，其特色是重功利。《荀子‧解蔽》說：「墨子蔽於用而不知文。」金景芳說：「墨子也是認為有用就是真理。」（《古史論集》）可見墨子尚賢實用的思想與太公望同。《呂氏春秋‧首時》又說：「太公望者，東夷之士也。」那麼，太公望的思想應代表東夷風俗。他早期居於海上的東夷之地，自然十分熟悉夷俗，這種思想也正是順應了東夷之俗。《史記‧齊太公世家》載「太公至國，修政，因其俗，簡其禮」即其證。

可見，不僅墨學三旨，墨學根本都源自「東夷孤竹之舊俗」，是墨氏一族數千年心傳之家學；而且墨子尚賢、上功的思想也來源於東夷之俗。

《莊子‧天下》說：「不侈於後世，不靡於萬物，不暉於數度，以繩墨自矯，而備世之急，古之道術，有在於是者。墨翟、禽滑釐聞其風而說之。」明明說墨學先有所承。這些「不侈於後世，不靡於萬物，不暉於數度，以繩墨自矯，而備世之急」的「古之道術」，即墨氏尚儉、兼愛、勤身的歷史淵源，也就是東夷孤竹的古俗，亦即墨氏世代相傳的家學。

齊桓公「北伐山戎、弗令支，斬孤竹而南歸」(《國語‧齊語》)，孤竹逸民被掠，居於齊魯，晏嬰、墨翟以東夷、孤竹之後而治斯學，固不足為奇。只是晏子之學未成系統，又未傳授弟子，故晏子之時，墨學未大行於天下。至墨子遊學天下，廣收生徒，墨學於是大顯。張純一說：「《韓非子‧顯學》篇曰：『墨學之至，墨翟也。』玩其意，墨道至翟集大成，不自翟始顯然。」如果單從墨學有世傳之家學這一點來說，張氏之言倒是可以參考。

(七) 儒學的影響

除墨氏家傳學術之外，墨學尚得益於孔子儒學。

既然《淮南子》說「墨子學儒者之業，受孔子之術」，可見墨子曾學習儒業。後來雖然背周道而非儒，其學說受儒學影響已不可磨滅。《韓非子‧顯學》稱「孔墨之徒俱道堯舜」，是儒、墨皆祖述堯舜；《呂氏春秋‧有度》：「孔墨之弟子徒屬充滿天下，皆以仁義教導於天下。」是儒、墨同以仁義為宗。

《淮南子‧主術》:「孔墨皆修先聖之學,通六藝之論。」是儒、墨同以「先聖、六經」為寄託。這都說明墨家與儒家有千絲萬縷的關連。

韓愈〈讀墨子〉比較二家之學曰:「儒譏墨以上同、兼愛、上賢、明鬼,而孔子畏大人、居是邦不非其大夫、《春秋》譏專臣,不上同哉?孔子泛愛親仁,以博施濟眾為聖,不兼愛哉?孔子賢賢、以四科進褒弟子、疾沒世而名不稱,不上賢哉?孔子祭如在,譏祭如不祭者,曰我祭則受福,不明鬼哉?儒墨同是堯舜、同非桀紂、同修身正心以治天下國家,奚不相悅如是哉?」在理論上,儒、墨兩家實多相同或相通之處。

羅根澤考今傳《墨子》書中,凡引《詩經》11處,引《尚書》34處,又多次提及「百國春秋」、「宋之春秋」、「燕之春秋」等(《古史辯》第四冊),其通於《詩》、《書》、《春秋》之學蓋無疑義。

至於《墨子》書中雖有〈非儒〉一篇,前人已疑其非墨子親自所作,即或是墨子親筆,但《墨子》全書承用和暗襲儒學範疇、概念之處比比皆是。甚至,墨子當年雖然非儒,但在言談中屢「稱孔子」(《墨子‧公孟》)。

我們如果仔細比較不難發現,墨學與儒學若出一轍,實乃儒學之修正,如果將墨學視為儒學之「左翼」也未嘗不可。韓愈說:「孔子必用墨子,墨子必用孔子,不相用,不足為孔墨。」以儒、墨互濟,實為通達之論。

/ 附錄

二、由顯學到絕學 —— 墨學的流傳

(一) 墨學傳人

墨子不僅創立了墨家學派,並且身體力行,廣泛宣傳 ——「徧(遍)從人而說之」,上說「王公大人」,下教「匹夫徒步之士」(《墨子・公孟》)。墨子為便於墨教的普及,還建立了組織嚴密的學術組織,墨家內部以德高望重者立為「鉅子」。鉅子身體力行,嚴守墨法,除了傳道授業外,還有決定墨徒仕進、接受墨徒供養,甚至決定墨徒生死的大權。墨徒則對鉅子絕對服從,竭盡忠誠,為了墨法的神聖,皆可以赴湯蹈火。《莊子》說:墨徒「以鉅子為聖人,皆願為之尸,冀得為其後世,至今不決」。《淮南子》說:「墨子服役者百八十人,皆可使赴湯蹈刃,死不旋踵。」正是當日的實錄。一時間從學者眾,墨子中年時期,止公輸盤攻宋,對楚王聲稱「臣之弟子禽滑釐等三百人,已持臣守圉之器在宋城上」(《墨子・公輸》)。除了參加宋國保衛戰的三百人外,墨家弟子應當還有不少。墨子卒後,西元前 381 年,楚國發生「吳起之難」,墨家鉅子孟勝為陽城君,弟子從死者就有「百八十五人」(《呂氏春秋・上德》)。就是孔子當年,經常在其身邊承學問業的也不過七十餘人。《孟子・公孫丑上》「以德服人者,中心悅而誠服也,若七十子之徒之服孔子也」;《韓

非子‧五蠹》「仲尼天下聖人也，修行明道以遊海內，海內悅其仁美其義而為服役者七十人」；《鹽鐵論‧刺復》「孔子無爵位，以布衣從才士七十有餘人」皆其證。《呂氏春秋‧遇合》「孔子周流海內，委質為弟子者三千人，達徒七十人」；《史記‧孔子世家》「孔子以詩書禮樂教，弟子蓋三千焉，身通六藝者七十有二人」，三千之數當是總計其不同時期受業學徒而言。

戰國中期，與墨學「兼愛」為敵的楊朱「為我」之學興起，楊、墨之學與儒學鼎足而三，甚至有奪席儒學之勢。孟子說：「楊朱墨翟之言盈天下，天下之學，不歸楊，則歸墨。」儒學已面臨嚴重挑戰。孟子不得不起而闢之：「楊墨之道不息，孔子之道不著。」（《孟子‧滕文公下》）墨學似乎並未因此而受到挫折，相反的是，墨學駕楊朱而上之，直與儒學相伯仲。至戰國末年，墨學遂與儒並尊於世，同號「顯學」。《韓非子‧顯學》曰：「世之顯學，儒墨也。」及至秦統一前夕，墨學仍然是儒學之外的第一大學派。《呂氏春秋》常「儒、墨」、「孔、墨」並稱，並稱嘆：「孔、墨之後學顯榮於天下者眾矣，不可勝數！」（〈當染〉）「孔、墨之弟子徒屬充滿天下！」（〈有度〉）可見，時至戰國末年，墨家還與儒學分庭抗禮，平分秋色。

方授楚曰：「當墨學盛時，其地理之分布，蓋南暨楚越，北及燕趙，東盛齊魯，西被秦國，四方莫不有墨者。」（《墨學源流》中華書局1940年版，第145頁）但是，儒門弟子有

/ 附錄

《史記・孔子世家》、《史記・仲尼弟子列傳》記載，重要人物尚多可述；墨家除了《墨子》本書所載其師徒問對外，人物已多不可考。孫詒讓作〈墨學傳授考〉（附《墨子閒詁》後），「凡得墨子弟子十五人（附三人），再傳弟子三人，三傳弟子一人，治墨術不詳其傳授系次者十三人，雜家四人，大都不逾三十人」。按：孫詒讓所考，脫程繁，見〈三辯〉，〈公孟〉又作程子。又統計有誤，墨家弟子有名姓可考者實際有四十人。方授楚《墨學源流》加上墨子佚名弟子二名，失名的中山「墨者師」一名，共四十人。可考的墨家鉅子三人：孟勝、田襄子、腹䵣（詳見後文）。

　　以「顯學」的地位而留名於後世者如此少，實在是件遺憾的事。個中原因，除了被儒排斥、墨家史料被忽視外，還與墨家為學質實無華有關。《莊子・天下》說「其道大觳」，楚惠王說墨子「言多而不辯」（《韓非子・外儲說・左上》）；《荀子》說「墨子蔽於用而不知文」。言質少文也是墨學後來未能廣泛流傳的重要原因。此外，墨家「不侈於後世」，不希求留名於青史，這與孔子「疾沒世而名不稱焉」的精神相反，墨家本身就不重視歷史的紀錄和留存。一代顯學，蹤跡難考，常令學人留幾多感慨。孫詒讓曰：「彼勤身薄死，以赴天下之急，而姓名澌滅，與草木同盡耳，殆不知凡幾？嗚呼烯已。」

　　墨子親傳弟子：

　　禽滑釐，初受業於子夏（《史記・儒林列傳》），後學於墨

子。他師事墨子三年，手足胼胝，面目黧黑，勤身苦役，不敢有任何享受。墨子很同情他，乃設酒脯，享之於太山。禽滑釐乃向墨子請教攻守之道，相傳今《墨子》書中〈備城門〉以下二十篇即其所傳。楚惠王時，公輸般為楚造雲梯，將以攻宋，墨子自魯趨郢，阻止其事；遣禽滑釐率弟子三百人持守具堅守於宋城之上。禽滑釐為墨門弟子之首，盡傳其學，與墨子並稱。墨子卒後，楊朱「為我」之學風靡天下，滑釐曾與之辯論，並將墨子與大禹並稱（《列子‧楊朱》）。

高石子，墨子弟子。墨子讓管黔敖送他到衛國去做官，衛君給予他厚祿，列位於卿。高石子三朝必竭盡忠言，其言卻不被採納，高石子遂辭衛而見墨子於齊。墨子稱讚他有「背祿而向義」的美德（《墨子‧耕柱》）。

高何，齊人，本為齊國之暴徒，為禍於鄉曲，後學於墨子，為天下名士顯人（《呂氏春秋‧尊師》）。

縣子碩，齊人，事同高何（《呂氏春秋‧高義》）。他曾問墨子「為義之大務」，墨子答以「譬若築牆然，能築者築，能實壤者實壤，能欣者欣，然後牆成也。為義猶是也，能談辯者談辯，能說書者說書，能從事者從事，然後義事成也」（《墨子‧耕柱》）。

公尚過，墨子弟子，博學於文。墨子因其造於精微，「不教以書」（《墨子‧貴義》）。墨子派他遊說於越，說以墨子之義，越王善之，使尚過邀墨子至越，欲以「故吳之地」封墨

子。墨子問越王能聽吾言、行吾道乎？過對以「不能」，墨子不行（《墨子·魯問》、《呂氏春秋·高義》）。

耕柱子，墨子弟子。墨子對他期望甚高，比於良驥。使其宦於楚，耕柱子致十金於墨子以為養（《墨子·耕柱》）。

魏越，墨子弟子。墨子使之遊說於越，越問遊國以何說為先，墨子答「入國必擇其務而從事焉。國家昏亂則語之尚賢、尚同，國家貧則語之節用、節葬，國家憙音湛湎則語之非樂、非命，國家淫僻無禮則語之尊天、事鬼，國家務奪侵淩則語之兼愛、非攻」（《墨子·魯問》）。

隨巢子，墨子弟子。墨子尚儉，隨巢子傳其學（《太史公自序》正義引韋昭說）。著書六篇，已佚（《漢書·藝文志》）。

胡非子，墨子弟子，著書三篇（《漢書·藝文志》）。或說《廣韻·模韻》複姓胡非，與胡非子同族，即胡公後人非子之裔，為齊人。

管黔敖，墨子弟子（《墨子·耕柱》）。或以為即《禮記·檀弓》「為食於路以待飢者」之黔敖（《墨學源流》中華書局1940年版，第138頁）。

高孫子，墨子弟子。勝綽從齊人項子牛三侵魯地，墨子使高孫子責其見利忘義——「祿勝義」（《墨子·魯問》）。

治徒娛，墨子弟子。與懸子碩同問「為義之大務」於墨子（《墨子·耕柱》）。

跌鼻，墨子弟子。曾因墨子之疾，懷疑墨子「鬼神為明，能為禍福」之說（《墨子·公孟》）。

曹公子，墨子弟子。他曾仕於宋，三年而返見墨子，而疑「夫子之道之可用」；墨子責其處高爵祿而不讓賢，多財而不分貧（《墨子·魯問》）。

勝綽，墨子弟子。墨子使之事齊項子牛，項三侵魯地，勝綽三從之，墨子使人責其以「祿勝義」，並請罷免他（《墨子·魯問》）。

彭輕生子，曾問墨子「往者可知，來者不可知」，墨子答以來者可知（《墨子·魯問》）。

孟山，曾譽王子閭為仁，墨子以為不義故不仁（《墨子·魯問》）。

弦唐子，見墨子載書甚多，曾怪而問之，墨子與之論書與智（《墨子·魯問》）。

以上十八人為孫詒讓〈墨子弟子考〉所載，親受業於墨子者。

程繁，曾問墨子曰：「夫人曰『聖人不為樂』，昔諸侯倦於聽治，息於鐘鼓之樂；士大夫倦於聽治，息於竽瑟之樂；農夫春耕夏耘，秋斂冬藏，息於聆缶之樂。今夫子曰『聖人不為樂』此譬之猶馬駕而不稅，弓張而不弛，無乃非有血氣者之所不能至邪？」（《墨子·三辯》）又以墨子之非儒為不

/ 附錄

然,故學人多認為他是儒者(《墨子·公孟》)。

以上孫氏不載,梁啟超《子墨子學說》錄為墨子弟子,蓋自儒而習墨,如禽滑釐者。

無名氏,魯人,墨子弟子。從學於墨子,戰而死,其父因責墨子(《墨子·貴義》)。

無名氏,墨子弟子,仕衛而反(《墨子·貴義》、《荀子·富國》)。

以上二人孫氏不錄,方授楚錄之。

墨子再傳弟子三人

許犯,禽滑釐弟子(《呂氏春秋·當染》)。

索盧參,東方之「鉅猾」,學於禽子(《呂氏春秋·尊師》)。

屈將子,好勇,聞墨者非攻,帶劍峨冠見胡非子,劫而問焉,胡非子說五勇,悅而師之(《太平御覽》卷492引〈胡非子〉)。

墨子三傳弟子一人

田系,學於許犯,顯榮於天下(《呂氏春秋·當染》)。

墨學名家不知系統者十人

田鳩,一作田俅子(《漢書·藝文志》)。齊人,學墨子之術(《呂氏春秋·首時》、《淮南·道應》高注)。曾遊秦仕楚,

楚王與將軍之節使如秦。楚王問鳩墨子之言「多而不辯」，鳩答：「墨子之說，傳先王之道，論聖人之言，以宣告人。若辯其辭，則恐人懷其文忘其用，直以文害用也。」（《韓非子‧外儲說‧左上》）。著書三篇（《漢書‧藝文志》）。

相里子，名勤（《莊子‧天下》），南方之墨者師。三墨之一。著書七篇（《元和姓纂》引韓子）。

相夫氏，三墨之一（《韓非子‧顯學》）。《元和姓纂》引韓子作伯夫，孫詒讓以為當作柏夫（《墨子後語》）。

鄧陵氏，南方之墨者，三墨之一，誦《墨經》（《莊子》、《韓非子》）。

苦獲，南方之墨者，誦《墨經》（《莊子》）。

已齒，南方之墨者，誦《墨經》（《莊子》）。

五侯子，相里勤弟子，誦《墨經》（《莊子》）。

我子，為墨學，著書一篇（《漢書‧藝文志》顏注及劉向《別錄》）。

纏子，修墨子之業，以教於世。其與儒者董無心論難，以為「文言華世，不中利民，傾危繳繞之辭，並不為墨子所修」（《意林》引）；又與董無心論鬼神之佑，為董氏所屈（《論衡‧福虛》）。著書一卷。

徐弱，孟勝弟子，與孟勝同死楚陽城君之難（《呂氏春秋‧上德》）。

以上孫氏所列者。

無名氏，中山墨者師，曾與司馬喜論非攻（《呂氏春秋・應言》）。

以上一人方授楚載。

墨家鉅子三人

孟勝，為墨家鉅子。楚吳起之亂，孟勝為陽城君，守國，死難，從死弟子百八十五人（《呂氏春秋・上德》）。

田襄子，宋人，宋之賢墨者。孟勝將死難，使弟子二人傳鉅子於田（《呂氏春秋・上德》）。

腹䵍，墨家鉅子。秦惠王時，其子殺人，秦王以年老而令吏勿誅。對以「墨者之法，殺人者死，傷人者刑，此所以禁殺傷人也。遂殺之」（《呂氏春秋・去私》）。

墨學雜家四人

夷之，治墨家之道，厚葬其親，曾因徐辟見孟子，孟子與論節葬兼愛（《孟子・滕文公上》）。

謝子，《說苑・雜言》作祁射子，東方之墨者。他西見秦惠王，被秦墨唐姑果所讒阻（《呂氏春秋・去宥》）。

唐姑果，秦之墨者。他譖謝子曰：「東方之辯士也，其為人甚險，將奮於說以取少主也。」（《呂氏春秋・去宥》）

某翟，鄭人。其兄緩為儒，而翟為墨，儒墨相辯，其父助翟，十年而緩自殺（《莊子・列禦寇》）。

所謂雜家,即只知其治墨學,但無從考其為學之優劣和傳承之系統者。

以上共四十人,無名氏三人。自戰國至秦末漢初,為墨學者姓氏多已不可考,然蛛絲馬跡猶有可尋。《淮南子‧人間》稱「代君為墨而殘」,代君亦為墨者;《鹽鐵論‧晁錯》「淮南衡山修文學,山東儒墨咸聚於江淮之間」,淮南王、衡山王都曾招致墨者;《褒賢》「(陳涉)奮於大澤,不過旬月,而齊魯儒墨縉紳之徒……負孔氏之禮器詩書,委質為臣」,陳涉起義曾有墨者參與。

此外,胡適《中國哲學史大綱》(上冊)說名家公孫龍、惠施即「別墨」;梁啟超《子墨子學說》在「三墨」之外,又列入宋鈃、尹文一派;《墨子學案》更擴而大之,於墨家正派外,復列墨家「別派」,包括法家的尹文(宋鈃則列入正統派「實行家」之中);名家的惠施、公孫龍等;無政府主義的許行;秦漢之遊俠家。墨學陣營大增,不僅沒有式微,並且是改頭換面,大為壯觀了。錢穆《墨子》基本上襲用胡、梁二氏之說:將許行定為「墨子的再傳弟子」,敘入「南方墨學」之中;譽惠施為「首倡萬物一體論」、宋鈃「創造新心理學」,俱列入「中原墨派」;辯者公孫龍,仍為「別墨」。以上三氏之說,當然能找到一些證據,但若說惠施、公孫龍、許行等曾受墨學影響,固無不可,但若說他們就是墨者,則古無是說,亦無是理。晉魯勝〈墨辯注敘〉雖有「惠施、公孫龍祖述其學,

231

以正刑名顯於世」的說法，但張惠言《書墨子經說解後》又說：「今觀墨子之書，〈經〉、〈說〉、〈大、小取〉，盡同異堅白之術，蓋縱橫、名法家、惠施、公孫龍、申、韓之屬，皆出焉。」豈可因受其影響而將縱橫、名、法、惠施、公孫龍、申不害、韓非俱列於墨家哉？茲所不取。

（二）三墨之辨

梁啟超引佛學「生住異滅」以況學術思潮的演進歷程，認為凡學術都有啟蒙、全盛、蛻分、衰落四個時期（《清代學術概論》一），我們將這一規律運用於墨學，亦若合符節。春秋末期，墨子創教傳道，是墨學啟蒙時期；戰國前期，墨與儒分庭抗禮，是墨學全盛期；戰國後期，墨學發生分化。韓非子說：「孔墨之後，儒分為八，墨離為三。」三墨之分，即墨學蛻分期；之後，墨學因孟子所闢、荀子所非，又無大師應時改造，遂一蹶不振，秦統一中國後，墨學即宣告熄滅。墨子之後，墨家學術除了在名辯、城守方面有所創新外，墨學兼愛、非攻主旨均已無人問津，墨家學派唯留「三墨」之辨而已。

何謂「三墨」？韓非當年只說：「自墨子之死也，有相里氏之墨，有相夫氏之墨（《元和姓纂》引《韓非子》作伯夫氏），有鄧陵氏之墨。」並說「取捨相反不同，皆自謂真墨」。三墨各自的學術主張到底怎麼「相反不同」，卻未加說明。

《莊子》也有墨學分化的類似紀錄，〈天下〉曰：「相里勤之弟子，五侯之徒；南方之墨者苦獲、已齒、鄧陵子之屬，俱誦《墨經》，而倍譎不同，相謂別墨。以堅白同異之辯相訾，以奇偶不仵之辭相應；以鉅子為聖人，皆願為之尸，冀得為其後世，至今不決。」結合韓、莊二文，可知墨學內部有「真墨」、「別墨」之分歧，學術主張「取捨相反不同」、「倍譎不同」。據《莊子》還可知，互相罵為「別墨」的人，口說「堅白同異之辯」，從事「名學」，今謂之邏輯學。

莊書所謂「相里勤之弟子，五侯之徒」，即韓非所稱「相里氏之墨」；「南方之墨者苦獲、已齒、鄧陵子之屬」，即韓非所謂「鄧陵氏之墨」。既稱「南方之墨」，則處於宋魯以南，這可能與在「吳起之難」中與陽城君共赴其難的鉅子孟勝師徒有關。〈墨經〉即《墨子》書中〈經上〉、〈經下〉、〈經說上〉、〈經說下〉，俱言名辯邏輯問題。莊書未提及「相夫氏之墨」，近人唐鉞懷疑「五侯之徒就是相夫氏之墨」（《古史辨》第四冊，第 246 頁），究屬猜測，沒有確證。衛聚賢說，相夫氏，《元和姓纂》引《韓非子》作伯夫氏，認為原文為「伯夫氏」，伯夫古音與苦獲相同，「苦獲即伯夫的異譯」。衛氏之說意在說明「南方之墨非楚國人，而為印度人」，不僅於伯夫釋音未諦，而且立意大錯，茲不足辯。

胡適《中國哲學史大綱》推測相夫氏之墨是傳統墨學，即「宗教的墨學」；相里氏、鄧陵氏二派則是研討名學和其他科

學知識的「別墨」,即「科學的墨學」。莊書於此只討論別墨問題,故不涉及「相夫氏之墨」。此說比較圓通。也就是說,墨子之後,墨學內部已產生了重大分化:一派是固守墨子宗教性質的傳統墨學,是為韓非所謂「真墨」;一些人則專門究心於名實、科學知識,演為「別墨」。但是今傳《墨經》之中,內容並無「倍譎不同」或「取捨相反不同」之處,何以於名辯的別墨之中,再有二派之軒輊呢?此難於解釋者也。

俞樾〈墨子閒詁序〉首倡以墨書上、中、下三篇分派說:「今觀〈尚賢〉、〈尚同〉、〈兼愛〉、〈非攻〉、〈節用〉、〈節葬〉、〈天志〉、〈明鬼〉、〈非樂〉、〈非命〉,皆分上、中、下三篇,字句小異,而大旨無殊。意者此乃相里、相夫、鄧陵三家相傳之本不同,後人合以成書,故一篇而有三乎!」王闓運《墨子注》亦主:「〈尚賢〉、〈尚同〉等篇皆分上、中、下,而詞意相同,乃由墨家相里氏、相夫氏、鄧陵氏三派所傳,經後人合而為一者。」後之從此說者多,不可一二舉之。可是此說雖略可以解釋〈尚賢〉、〈尚同〉等上、中、下之分,但是〈經〉及〈經說〉皆分上下,又怎麼解釋呢?此其一。其二,既然〈尚賢〉、〈尚同〉等篇雖分為三篇,而「字句小異,大旨不殊」,則當是《墨子》書在先秦流傳的不同版本;而《莊子》「倍譎不同」、《韓非子》「取捨相反不同」,則指學術觀點的矛盾,顯然不是上、中、下三篇之分所能解釋的。可見王、俞二氏之說不合實際。故前人曾斥之為「庸陋」的「戲論」。

《呂氏春秋‧去宥》載：

東方之墨者謝子將西見秦惠王，惠王問秦之墨者唐姑果，唐姑果恐王之視謝子賢於己也，對曰：「謝子，東方之辯士也，其為人也甚險，將奮於說（《淮南子》作「權說」）以取少主也。」

這段記載又見於《淮南子‧修務》、《說苑‧雜言》，唯文小異。謝子，《說苑》作「祁射子」；唐姑果，《淮南子》作「唐姑梁」。根據三書所載，墨學在學派上有「東方之墨」與「秦之墨」之別；在學術上有「奮於權說」與「反權說（重實踐）」之別。《莊子‧天下》又有「誦《墨經》……堅白同異之辯相訾」的「南方之墨」。與此正好鼎足而三。故蒙文通曰：

則三墨者，即南方之墨、東方之墨、秦之墨。秦之墨為從事一派，東方之墨為說書一派，南方之墨為談辯一派，此墨離為三也。（《古學甄微》，第212頁）

可謂一語中的。前人雖已注意到了以上三條資料，如方授楚即謂：「〈天下〉有『南方之墨者』，《呂覽‧去宥》則言：『東方之墨者謝子將西見秦惠王，惠王問秦之墨者唐姑果。』」但惜其僅在說明「四方莫不有墨者」（《墨學源流》），未悟「墨離為三」之旨。

我們認為，蒙文通之說合乎同門學術中分派的普遍規律。蒙文通已引及《墨子‧耕柱》墨子答懸子碩問「為義之大

務」曰：「譬若築牆然，能築者築，能實壤者實壤，能欣者欣，然後牆成也。為義猶是也，能談辯者談辯，能說書者說書，能從事者從事，然後義事成也。」談辯即名辯，為南方之墨者所為；說書即傳教，為東方之墨者所為；從事即事功，為秦之墨者所為。其在儒家，孔子以「言語、文學、德行、政事」四科造士：言語，談辯也；文學，說書也；政事，從事也。墨家三科與此若合符節。墨所缺者唯「德行」科，因重實行，認為「雖有賢君不愛無功之臣，雖有賢慈父，不愛無益之子」（《墨子‧親士》），故反對空洞的道學家。（《左傳》襄公二十四年：「大上有立德，其次有立功，其次有立言。」立德為德行，立功為政事，立言為言語及文學，蓋為儒者所本。）後來揚雄《法言‧學行》亦曰：「學，行之，上也；言之，次也；教人，又其次也。」亦與墨子從事、談辯、說書三科相合。可見，事、言、教乃古來學術分野之慣例，以此標準來考察「三墨」，合乎學術分野規律。

　　南墨、東墨、秦墨之分，驗之《墨子》本書，亦莫不信然。《墨子》原本七十一篇，今存五十三篇，按內容分大致有三組，自〈親士〉以下至〈非儒〉三十九篇（包括佚篇，下同）為一組，以墨翟尚賢、尚同、兼愛、非攻、節用、節葬之說為主。〈經〉上下、〈經說〉上下、〈大取〉、〈小取〉六篇為一組，以名辯為主，即莊子所謂「堅白同異之辯」，因號「墨辯」。自〈備城門〉以下至〈雜守〉二十篇為一組，言

攻守事,學人又稱之為「城守之篇」,為軍事著作。〈貴義〉至〈公輸〉乃雜記墨子生平行事,可附屬於第一類。《莊子·天下》已謂南方之墨「俱誦《墨經》」,胡適等人謂「墨辯」六篇乃南墨所作。即使不是南墨所作,也一定是南墨相誦的經典無疑。其餘兩類,蒙文通詳加考定認為:「自〈備城門〉以下二十篇所列攻具十二之類,此所謂從事之墨。其間頗有秦制,此非秦之墨而唐姑梁之書乎?」陳直又根據居延漢簡證明〈城守〉各篇實為秦人所作,更證成了蒙文通之說。(陳直〈「墨子‧備城門」等篇與居延漢簡〉,載《中國史研究》1980年第一期)蒙文通又說:「則其前者〈親士〉、〈所染〉、〈尚賢〉、〈尚同〉之屬數十篇,自為東方之墨之書無惑也。」這一組文章屢屢談說仁義,稱道詩書,法舉先王,與儒者同習,這正是儒、墨都誕生於東方文化圈的緣故。可見,以方位分墨,在經典上也若合符節。

南墨、東墨、秦墨之分,既合乎學術分野的一般規律,又合乎《墨子》書中內容的分組;還有文獻記載和考古學依據,較之其他諸法,都識高一籌。

(三)諸子評墨

墨學是在反對孔學的基礎上建立起來的:孔子仁愛有等差,墨子則兼愛無差別;孔子重禮樂,墨子非禮樂;孔子從周之文,墨子崇夏之質;孔子重於喪祭,墨子節葬;孔子畏

天命，墨子非天命；孔子敬鬼神而遠之，墨子講天志、明鬼……無一不與孔子相反。墨子甚至還公開非儒，正面向孔學開火。墨既非儒，儒亦非墨。墨學一開始就引起了儒者的反感。當時就有儒者公孟子、程繁、告子以及失名的「子夏之弟子」與墨子展開論戰。今傳《墨子·公孟》記錄了公孟對墨子「天志、明鬼、儉服、多言、薄葬」等論點進行的辯難，及程繁對墨子「非儒」和「非樂」提出的非議。當時由於七十子已逝，儒學缺乏大家；墨子本人長於論辯，力踐躬行，具有強烈的感召力，故一時間墨學占了上風。

戰國初年，墨學極為風光，與後起的「為我」之學楊朱學派同靡天下，在楊墨的夾擊下，儒學受到嚴重挑戰。孟子說：「楊朱、墨翟之言盈天下，天下之學，不歸楊，則歸墨。」又說：「楊墨之道不息，孔子之道不著。」為了捍衛儒學的地位，孟子在廣傳聖學的同時，不得不肩負起「闢楊墨」的重任。楊朱「為我」，墨子「兼愛」，孟子直搗要害，說：「楊氏為我，是無君也；墨氏兼愛，是無父也。無父無君，是禽獸也！」（《孟子·滕文公上》）將墨學核心「兼愛」罵倒，把墨子定性為「無父」的禽獸。孟子之評，擊中要害，痛快淋漓。故自此墨徒不敢以「兼愛」為說。但是孟子對墨子「摩頂放踵利天下，為之」的忘我精神還是比較肯定的（《孟子·告子下》）。

戰國末期，莊子和荀子也品評墨學。《莊子·天下》首先稱述墨子：

不侈於後世，不靡於萬物，不暉於數度，以繩墨自矯，而備世之急。古之道術有在於是者，墨翟、禽滑釐聞其風而說之。

具有不求名、不求利、遵天時、守道德，而以天下為己任的精神。接著具體論說了墨子學說：

為之大過，已之大順，作為〈非樂〉，命之曰〈節用〉；生不歌，死無服；墨子氾愛、兼利而非鬥，其道不怒。又好學而博不異。不與先王同，毀古之禮樂。

涉及非樂、節葬、兼愛、兼利、非攻和反對古禮等方面。接著對墨學進行了批評：

黃帝有〈咸池〉，堯有〈大章〉，舜有〈大韶〉，禹有〈大夏〉，湯有〈大濩〉，文王有辟雍之樂，武王、周公作〈武〉。古之喪禮，貴賤有儀，上下有等，天子棺槨七重，諸侯五重，大夫三重，士再重。今墨子獨生不歌，死不服，桐棺三寸而無槨，以為法式。以此教人，恐不愛人；以此自行，固不愛己。未敗墨子道，雖然，歌而非歌，哭而非哭，樂而非樂，是果類乎？

指出墨子非樂、節葬違反社會習俗和歷史傳統。接著，《莊子》還指出墨子以自苦為極，違背人情，斷言墨道非治天下之道，其學難行：

其生也勤，其死也薄，其道大觳。使人憂，使人悲，其行難為也，恐其不可以為聖人之道。反天下之心，天下不堪。墨子雖獨能任，奈天下何？離於天下，其去王也遠矣！

239

/ 附錄

不僅天下人難以奉行墨子大儉之道,墨家徒人也以此道為難。《莊子》又述墨子之意曰:「『昔者禹之湮洪水,決江河,而通四夷九州也,名川三百,支川三千,小者無數。禹親自操橐耜,而九雜天下之川,腓無胈,脛無毛,沐甚雨,櫛疾風,置萬國。禹大聖也,而形勞天下也如此。』使後世之墨者,多以裘褐為衣,以跂蹻為服,日夜不休,以自苦為極。曰:『不能如此,非禹之道也,不足謂墨。』」正因為正統的墨學太艱苦,所以墨子後學產生了分歧。很多人雖為墨者,但已不奉行傳統的「以繩墨自矯,而備世之急」的墨者之道,大多以名辯口給為事。《莊子·天下》描寫當時墨者的情形說:「相里勤之弟子,五侯之徒;南方之墨者苦獲、已齒、鄧陵子之屬,俱誦《墨經》,而倍譎不同,相謂別墨。以堅白同異之辯相訾,以奇偶不仵之辭相應。」《莊子·駢拇》亦曰:「駢於辯者,累瓦結繩,竄句遊心於堅白同異之間,而敝跬譽無用之言,非乎?而楊墨是已。」後期墨家已忘記「兼愛兼利」、「興天下之利,除天下之害」的宗旨,不經世務,而「駢於辯者」;不任世教,而「譽無用之言」,故與「為我」的楊朱之學同歸於無用。更有甚者,墨家後學還追名逐利,希望當「學術帶頭人」:「以鉅子為聖人,皆願為之尸,冀得為其後世。至今不絕」。墨家已經由一個極端(實際、利他)走向另一個極端(空疏、自利),真是大違墨子之願。

《莊子》並未全盤否定墨子,認為墨子本意是好的、精神

是可貴的,但方法是不可行的:「墨翟、禽滑釐之意則是,其行則非也。將使後世之墨者必自苦,以腓無胈,脛無毛,相進而已矣,亂之上也,治之下也。雖然,墨子真天下之好也。將求之不得也,雖枯槁不捨也。才士也夫!」照《莊子》的意思,墨子乃是一位有好心辦了錯事、或有好心而辦不成好事的「大好人」。莊子之學在於忘於物我而因任自然,故〈天下〉篇評論墨子主要集中於墨子大儉自苦違背人性這一點上,措辭也比較客觀和公允。

荀子評墨之語尤多,主要集中在〈非十二子〉、〈富國〉、〈樂論〉三篇中,〈天論〉、〈禮論〉、〈解蔽〉等篇也有一些。荀子處於戰國末期,當時天下戰亂,富國強兵是各國普遍關心的問題,故荀子評墨的重心在「尚儉」。

首先,認為尚儉學說不利於社會的和諧和秩序的穩定:「不知一天下、建國家之權稱(權宜),上功用,大儉約,而侵差等,曾不足以容辨異、縣(區別)君臣。然其持之有故,其言之成理,足以欺惑愚眾,是墨翟宋鈃也。」(《荀子·非十二子》)「墨子有見於齊,無見於畸(差別)……有齊而無畸,則政令不施。」(《荀子·天論》)墨子尚儉,無視社會差別,搞亂了階級社會的等級,上下無差,倫等不別,極不利於政教的施行。

墨子尚儉有兩個主要論點──「節用」和「非禮樂」。《荀子·樂論》就針對墨子而發。墨子說:「樂者聖王之所非,

/ 附錄

而儒者為之，過也。」荀子指出：「樂者聖王之所樂也，而可以善民心，其感人深，其移風易俗，故先王導之以禮樂而民和睦。」禮樂是先王實現天下大治的重要手段。「先王之道，禮樂正其盛者也，而墨子非之！故曰：墨子之於道也，猶瞽之於白黑也，猶聾之於清濁也，猶欲之楚而北求之也。」

《荀子・禮論》也反駁墨子非禮教，說：「故人一之於禮義則兩得之矣，一之於情性則兩喪之矣。故儒者將使人兩得之者也；墨者將使人兩喪之者也——是儒墨之分也。」墨子因太注重實用而忽略了必要的禮樂文化，非常荒唐：「墨子蔽於用而不知文……由用謂之，道盡在利矣。」（《荀子・解蔽》）

荀子批「節用」，認為墨子簡直是杞人憂天：

墨子之言，昭昭然（不安貌）為天下憂不足。夫不足，非天下之公患也，特墨子之私憂過計也。

又說：「天下之公患，亂傷之也。」墨學理論正是導致傷亂之源：

胡不嘗試相與求亂之者誰也？我以墨子之「非樂」也，則使天下亂；墨子之「節用」也，則使天下貧。

荀子非常寫實地描繪墨學的弊病說：

墨子大有天下，小有一國，將蹙然衣粗食惡，憂戚而非樂；若是則瘠，瘠則不足欲，不足欲則賞不行。墨子大有天下，小有一國，將少人徒，省官職，上功勞苦，與百姓均事

業，齊功勞。若是則不威，不威則罰不行，賞不行，則賢者不可得而進也；罰不行，則不肖者不可得而退也。賢者不可得而進也，不肖者不可得而退也，則能不能不可得而官也。若是則萬物失宜，事變失應，上失天時，下失地利，中失人和，天下敖然，若燒若焦；墨子雖為之衣褐帶索，啜菽飲水，惡能足之乎？既已伐其本，竭其原，而焦天下矣。

墨子非樂、節用錯就錯在不能充分調動人們的積極性，反而會弄得天下大亂，即便他本人省吃儉用也無補於天下。如果墨道行於天下，必然亂天下：「墨術誠行，則天下尚儉而彌貧，非鬥而日爭，勞苦頓萃（悴）而愈無功，愀然憂戚非樂而日不和。」（以上俱《荀子・富國》）

由於墨子理論錯了，儘管他「自苦為極」，在荀子看來，不過是「役夫之道」，根本無補於世治：

大有天下，小有一國，必自為之然後可，則勞苦耗悴莫甚焉。如是，則雖臧獲不肯與天子易執業。以是縣天下，一四海，何故必自為之？為之者，役夫之道也，墨子之說也。（《荀子・王霸》）

荀子的結論與莊子一樣，墨子的學說根本不具備可行性，唯其未能行於天下；倘若行之天下，足以害天下、亂天下。

孟子破墨學之核心——兼愛，荀子破墨學的兩個支點——尚儉和尚功。墨家的「核心」和「兩個支點」已被儒家

所破，其為學就所剩無幾了。

另外，《漢書・藝文志》儒家類還著錄《董子》一卷，注：「名無心，難墨子。」錢大昕《漢書考異》說：「無心，蓋六國時人。」孫詒讓亦謂：「是書自是先秦儒家遺籍。」董無心難墨子的具體內容，王充《論衡・福虛》載：「儒家之徒董無心，墨家之役（徒屬）纏子（當作董子），相見論道。纏子稱墨家右鬼神，是引秦穆公有明德，上帝賜之十九年。纏子難以堯舜不賜年，桀紂不夭死。」纏子無言以對。可見，戰國之時墨家明鬼之說亦被儒者所破。

世傳有《孔叢子》一書，謂是孔子八世孫孔鮒所作。其上有〈詰墨〉一篇，專就《墨子・非儒》和《晏子春秋》晏子非儒之說條分縷析，予以辯駁，然則墨子所以非儒以自立者已為儒者所破。

墨學至於戰國末年，除了與儒相近的論調外，其學說的主要論點兼愛、節用、明鬼幾乎為儒者所破。墨學之式微已是必然之勢了。

（四）墨學式微

墨學到底絕於何時？怎麼會出現這種現象呢？前人論及此者，無不感慨再三。或以為墨學易言而難行。《莊子・天下》：

其生也勤,其死也薄,其道大觳。使人憂,使人悲,其行難為也,恐其不可以為聖人之道。反天下之心,天下不堪。墨子雖獨能任,奈天下何?

或以為墨學之亡在於孟子所闢。《四庫總目》:

墨家者流,史罕著錄,蓋以孟子所闢,無人肯居其名。

或以為遭秦皇焚書之禍。《鹽鐵論·論誹》:

文學曰:昔秦以武力吞天下,而斯、高以妖孽累其禍,廢古術,墮舊禮,專任刑法,而儒、墨既喪焉。

孫詒讓《墨子後語·墨子弟子·序》:

獷秦隱儒,墨學亦微。至西漢儒復興,而墨竟絕。

汪中《述學》:

至楚漢之際而微。

或以為漢武帝獨尊儒術之過。《墨子後語·墨學通論》:

自漢以後,治教專一,學者咸宗孔孟,而墨氏大絀。然講學家剿竊孟荀之論,以自矜飾標識。綴文之士,習聞儒言,而莫之究察。其於墨也,多望而非之,以迄於今。

以上四說,都有可能是墨學式微的原因之一,但都不是根本原因,更不是全部原因。而今看來,墨學式微有學術本身的原因,即內因;也有外在的原因,此即外因。細析之,內因有三,外因有三。三內因即學派分裂、學術空疏、調高

/附錄

難行,三外因即時移世變、坑焚之禍、與儒合流。茲先詳其內因諸節。

戰國時期,墨學與儒學風靡天下,先秦古籍以「孔墨」、「儒墨」並舉者不可勝數,仍以顯學行於天下。但是儒、墨之學都出現了衰敗的危機,第一是分裂,第二是空疏。韓非子所謂:「孔墨之後,儒分為八,墨離為三。」不僅分離,而且「取捨相反,自謂真孔墨」(《韓非子·顯學》),互相之間「相謂別墨」(《莊子·天下》)。彼此分離就意味著力量的削弱,互相攻擊就意味著學派的解體。儒學以學術流派為特色,其分離減少了桎梏,便於學術的自由探討。比如儒學八派經過發展壯大,產生出重心性、仁義的思孟學派和重禮樂、政刑的荀子學派。孟派壯大後,闢楊墨,辯邪說,取得了反擊異學奪席的勝利;而荀學則非十二子,斥俗儒,不僅打倒異學,連俗儒也在反對之列,在新的基礎上實現了儒學內部的統一。墨學則不然,為學本以絕對統一、絕對服從的宗教組織為特色,一旦分離,就是團體的解體、學派的滅亡。自三墨之後,墨家再無大師泰斗產生,致使其學一蹶不振。二學之空疏主要表現在學說與行動的脫節上。《呂氏春秋·有度》載:

孔、墨之弟子徒屬充滿天下,皆以仁義之術教導於天下,然而無所行,教者術猶不能行,又況乎所教?

一種學術講述者既不準備身體力行，又怎能教他人服膺呢？儒學本有兩個進境，即「修齊」、「治平」，修身、齊家為一境，治國、平天下為一境。孟子所謂「窮則獨善其身（修齊），達則兼善天下（治平）」即二境之妙語。戰國時儒者雖不能進以治國平天下，兼善於人；尚可退而修身齊家，獨善其身，特別是修身養性，達到「內聖」。這對廣大士人仍然具有極大的吸引力。故儒學雖空疏但仍有存在價值，墨學則不然。墨者「兼愛」，以「摩頂放踵利天下」，「以自苦為極」，以力行、實用為特色，一旦丟掉身體力行的傳統，失去實用的功能，也就不成其為墨了。莊子說：「使後世之墨者，多以裘褐為衣，以跂蹻為服，日夜不休，以自苦為極。曰：『不能此者，非禹之道也，不足謂墨。』」（《莊子·天下》）正是指此而言。依照《呂氏春秋》的記載，戰國末年，這種以自苦為極的墨者精神，恐怕多數墨者已是「不能如此」了。《莊子》載苦獲、已齒、鄧陵子等「南方之墨者」口誦《墨經》，「以堅白同異之辯相訾，以奇偶不仵之辭相應」，已與《荀子·非十二子》所譏「不法先王，不是禮義，而好治怪說、玩琦辭，甚察而不惠，辯而無用，多事而寡功，不可以為治綱紀」的惠施、鄧析等人無別了。莊子又說：別墨「以鉅子為聖人，皆願為之尸，冀得為其後世」，是則後期墨家個個想當「鉅子」（爭當「學術帶頭人」），利慾薰心，求利心切，盡失當年墨子「不侈於後世，不靡於萬物」的「無名英雄」本色，早已「非

247

附錄

禹之道也，不足謂墨」了。（由此可證，即使公孫龍、惠施名辯之學受惠於墨家，即或拾得墨家之牙慧，也不得謂之為「墨」。）至於墨子學說義高難行，除《莊子》有所論述外，還有王充，曰：「儒家之宗孔子也，墨家之祖，墨翟也。且案儒道傳而墨法廢者，儒之道義可為，而墨之法議難從也。」（《論衡·案書》）

以上皆墨學式微之內因。

其外因，首先是時移世變。墨學產生於以強凌弱、以眾暴寡、人與人相詐、國與國相戰的春秋戰國之交，故墨子之學以「兼愛、非攻」為核心，以人與人相親相愛、國與國相利非攻，消滅戰爭、消滅差別為最高理想。其人相親愛、消滅差別的理想，在階級社會注定是不能實現的；消滅戰爭的理想卻隨著秦漢大一統局面的形成暫時得以實現。兼愛是不現實的幻想，而非攻又成了不必要的舊說，墨學之核心內容已宣告不適合秦漢時期的新形勢了，焉有不衰之理？

其次是坑焚之禍。墨學為諸子學之一，又以是古非今為特色，受秦始皇焚書坑儒的打擊是很自然的。其說已見前文所引《鹽鐵論》及孫詒讓語，但不是主要原因。陳勝、吳廣「奮於大澤，不過旬月，而齊魯儒墨縉紳之徒，肆其長衣，負孔氏之禮器詩書，委質為臣」（《鹽鐵論·褒賢》）。秦焚書之後，仍有儒、墨之人參加陳勝起義。《淮南子·氾論訓》說漢高祖「舉大義」之時，「豐衣博帶而道儒墨者以為不肖」；既定

天下,「總鄒魯之儒墨,通先王之遺教」。《鹽鐵論·晁錯》也載大夫說:「日者,淮南衡山修文學,招四方遊士,山東儒墨咸聚於江淮之間,講議集論,著書數十篇。」可見,秦焚書只是限制了墨學的發展,並未斷絕墨學的小範圍傳授。

再次是與儒學的合流,亦即儒者對墨學營養的大量吸收。吸收敵對學術的優點,使己方壯大,使對方失去存在的必要,是學術鬥爭史上常見的形式。儒、墨共治詩書,同道仁義,亦稱堯舜,有合流的學術基礎;墨學以加入儒學的形式獲得永生,儒學則因吸收墨學的優點而重振。對此,方授楚已有察覺,指出:「儒者受墨家影響之深,非可盡指,尤以《易傳》之〈文言〉,《禮記》之〈大學〉與〈禮運〉『大同』之說,最為彰顯。」(《墨學源流》中華書局 1940 年版,第 210 頁)伍非百、蒙文通論此更進一境。伍《墨子大義述》曰:「〈禮運〉『大同』之說,頗與儒家言出入……實則墨子之說,而援之以入儒耳。」又列舉說:

天下為公,則尚同也;選賢舉能,則尚賢也;講信修睦,則非攻也;不獨親其親,不獨子其子,則兼愛也;貨惡其棄於地,力惡其不出於身,則節用、非命也;使老有所終,壯有所用,幼有所長,矜寡孤獨廢疾者有所養,則「老而無妻子者有所侍養以終其壽,幼弱孤童之無父母者有所放依以長其身」之文也;貨不必藏於己,力不必為己,則「餘財相分、餘道相教」之義也;謀詐閉而不用,盜賊竊亂不作,亦「盜

附錄

賊無有，誰竊誰亂」之語也。總觀全文，大抵摭拾《墨子》之文，其為墨家思想甚為顯著。

蒙文通有專篇〈論墨學源流與儒墨匯合〉，除了同意伍氏之說外，還指出先秦時期最早做儒、墨合流工作者為尸佼。《尸子》「其書十九皆通乎儒墨之義。是周秦之間，合儒墨於一轍者，固未有先於《尸子》看也」。

我們認為以上三氏之說都是不錯的，不過不始於〈禮運〉。《史記·太史公自序》曰：「獵儒墨之遺文，明禮義之統紀，絕惠王利端，列往世興衰。作〈孟子荀卿列傳〉。」據司馬遷的觀點，引墨入儒的工作自孟、荀這兩位儒學大師時即已開始。雖然孟荀都以闢墨為己任，但暗中吸收墨學優點以完善儒學理論。此外，《荀子·儒效》載有「其言議談說已無以異於墨子」的「俗儒」，那是荀子之前儒、墨合流不成功的嘗試；至孟荀、《禮記·禮運》而大成。

漢儒熔五行、法、名、老、墨於一爐，墨學則是其取裁的重點。蒙文通謂：「儒之取法家，義繫於《春秋》；儒之取墨學，制具於禮家。」墨學精華被儒家所取裁，而其非禮、非樂、非儒之說又被儒所揚棄，於是墨之於儒已無甚分別，墨學遂成為儒學的附庸。長此以往，墨學遂不復存在。這裡需要說明的是，論者頗以武帝獨尊儒術，墨家因而被「罷黜」。其實不然。漢既無禁墨之令，武帝亦無毀墨之言。《漢書·武帝紀》記，建元元年（西元前140年）冬十月，詔「舉

賢良」,丞相衛綰奏:「所舉賢良,或治申、商、韓非、蘇秦、張儀之言,亂國政,請皆罷。」奏可。據此,賢良之科並不禁止墨學之人。《鹽鐵論・遵道》載:桑弘羊憤於「文學」之士「飾虛言以亂實、道古以害今」,質問丞相將尊何家學術,丞相答以「公卿既定大業之路,建不竭之本,願無顧細故之語,牽儒墨之論也」。「大業之路」,即尊儒之策。表示學術宗崇問題「公卿」們已經解決,不願再牽涉「儒墨」之爭。其原因在於儒、墨在當時已經沒有區別,墨學已包括在儒學之中了。這一則因自《禮記・禮運》等儒學著作起,墨、儒融合已成定勢;二則建議漢武帝「罷黜百家,獨尊儒術」的董仲舒,又做了大量具體的融合儒、墨的工作。董仲舒的「天人感應」說和「天常以愛利為意」的思想,就是墨子「天志」的翻版;「重祭事如事生」(《春秋繁露・祭義》)的言論,就是墨子「明鬼」學說的繼承;「仁之法在愛人,義之法在正我」,就是「以繩墨自矯,而備世之急」的墨者精神的概括;其「天覆無外,地覆兼愛」(《春秋繁露・深察名號》)、「南面君天下,必以兼利之」(《春秋繁露・諸侯》)等說,就是墨子「兼相愛,交相利」思想的引申;至其「聖人為天下興利」,「其為天下除害」,更是墨子「仁人者興天下之利,除天下之害」口號的直接運用。董仲舒建立的新儒學,是熔先秦儒、墨、名、法,以及陰陽五行學說於一爐的新體系。在漢人眼中,墨學與儒學本已融為一體,沒有對立了,故丞相不願再行區

/ 附錄

別儒、墨優劣。《淮南子》、《鹽鐵論》、《論衡》等書,常常「儒墨」連詞、「孔墨」並舉,在很多情況下,實有兼融儒墨、丘翟無別的意思。如果說先秦〈禮運〉等書表明儒者有意識地開始融合儒、墨的話,那麼,至董仲舒建立新儒學體系,儒、墨則已經完全融合。墨氏學說精華已被新儒學吸取,最終也就失去了存在的價值。在漢代,除了學者討論先秦學術史時分別議論儒、墨外,一般很少再將儒與墨區別對待了。

(五)墨學餘韻

以史學家的眼光評論墨學的,首推漢初的司馬談,其〈論六家要旨〉稱墨家曰:

墨者儉而難遵,是以其事不可遍循;然其強本節用,不可廢也。

墨者亦尚堯、舜道,言其德行曰:「堂高三尺,土階三等,茅茨不翦,採椽不刮;食土簋,啜土刑;糲粱之食,藜藿之羹;夏日葛衣,冬日鹿裘。」其送死,桐棺三寸,舉音不能盡其哀;教喪禮,必以此為萬民率。使天下法若此,則尊卑無別也。夫世異時移,事業不必同,故曰「儉而難遵」。要曰強本節用,則人給家足之道也。此墨子之所長,雖百家弗能廢也。

司馬談對墨子強本節用之說再三讚賞,以為是人給家足之道、諸子不易之法;僅僅對他的尚儉學說提出了批評。批評的

理由倒也不是尚儉不好，而是難以推行，對墨、儒在兼愛與別愛問題上的對立卻隻字未提。這亦可為漢世儒墨合流之一證。

觀王充《論衡‧案書》「儒道行而墨法廢」之說，墨學在東漢初年已無傳人。但東漢墨家著作還完整地保存著，班固《漢書‧藝文志》除著錄《墨子》本書七十一篇外，還有〈尹佚（周臣，在成、康時也）〉二篇，〈田俅子（先韓子）〉三篇，〈我子（注引劉向《別錄》謂為墨子之學）〉一篇，〈隨巢子（墨翟弟子）〉六篇，〈胡非子（墨翟弟子）〉三篇，共六家，八十六篇。班固對墨學也做了十分公允的評價：

> 墨家者流，蓋出於清廟之守。茅屋採椽，是以貴儉；養三老五更，是以兼愛；選士大射，是以上賢；宗祀嚴父，是以右鬼；順四時而行，是以非命；以孝視天下，是以上同。此其所長也。及蔽者為之，見儉之利，因以非禮；推兼愛之意，而不知別親疏。（《漢書‧藝文志》）

班氏認為墨子貴儉、兼愛、上賢、右鬼、非命、上同皆其所長，唯一不足的就是非禮和不別親疏，這實是對孟子言論的抄襲。

劉師培頗以王充為「南方墨家」者流。若說王學曾受墨學影響倒有可能，但王充以儒學自居，且論墨、儒之優劣曰：「儒道傳而墨法廢者，儒之道義可為，而墨之法議難從也。」（《論衡‧案書》）並指出墨氏「右鬼、薄葬」自相矛盾，一點看不出他具有「南方墨者」傳統的跡象。

/ 附錄

　　自東漢至清初,墨派不復存在,墨學不復成家。千餘年間,墨學絕無傳人。故墨書或殘或佚,一代學術幾於廢絕。《漢書‧藝文志》尚著錄墨家著作六家八十六篇,至南朝梁已佚〈尹佚〉、〈我子〉二書,至《隋書‧經籍志》著錄,就只有〈墨子〉、〈胡非子〉、〈隨巢子〉「三部一十七卷」了。其間雖有晉之魯勝作《墨辯注》,引〈說〉解〈經〉,以備清談玄言之資;鄭樵《通志‧藝文略》著錄唐樂臺《墨子注》三卷,亦皆佚而不傳。

　　墨學備遭冷落,於是神仙道術便悄然占領墨學陣地。葛洪著《神仙傳》專門為墨子立傳,把一個十分現實、以救世為急的苦行者,描繪成了「外修經典,內修道術」,「精思道術,想像神仙」,「將委流俗,從赤松子遊」的逍遙「地仙」了。方士、道徒還假託墨子,造作道書。《抱朴子‧內篇‧遐覽》謂:「變化之術,大者唯有《墨子五行記》。本有五卷,昔劉君安未仙去時,鈔取其要為一卷。」阮孝緒《七錄》有《墨子枕中五行要記》一記,《五行變化墨子》五卷。《隋書‧經籍志》醫方類有《墨子枕內五行紀要》一卷,《宋史‧藝文志》神仙類有《太上墨子枕中記》二卷,皆是此類書。《抱朴子神仙金汋經》又有「墨子丹法」,皆道家偽託之書。《五代史‧唐家人傳》又說:「魏州民自言有墨子術,能役鬼神,化丹砂水銀。」墨子遂與丹鼎派道士同列了;《開元占經》又引〈墨子占〉,墨子又成占筮大師了。為十分現實的墨子硬披上逍遙的神仙外

衣，真有些不倫不類。這也是士大夫冷落墨子的後果。

其間即或有文章序跋涉及墨子，亦是貶多於褒。自唐至明，論墨之文者十餘家，其間能知墨子者，唐韓愈、明王世貞而已。韓愈〈讀墨子〉謂孔墨不相違，丘翟必相用；王世貞〈讀墨子〉則稱「墨子之言，救世主之藥石耳」。至清乾嘉時期，諸儒肆力經史之餘，遂及《墨子》書，然尚限於文獻校理，墨學精神則無人問津。這一時期較著名的有張惠言《墨子經說解》、畢沅《墨子注》（集盧文弨、孫星衍校）、王念孫《讀書雜誌‧墨子》，於是墨書始為可讀。唯有汪中作墨子前後序，發明墨氏千年不傳之學，贊「墨子治世多術」，並為孟子闢墨叫屈。然而當時仍是理學占統治地位的時代，汪中之說引起守舊勢力的不滿，翁方綱〈書墨子〉直斥汪中為「名教之罪人」，除之「墨者汪中」而後快。

（六）墨學復興

鴉片戰爭之後，西學東漸，西化思潮充斥寰宇。亡國、亡教、滅種的威脅，促使中國士人對傳統文化做重新審理。人們在清算宋儒「以理殺人」的同時，發現了被埋沒兩千餘年的墨學。拂去歷史的塵埃，一個「以自苦為極」、「摩頂放踵利天下」的救世主形象——墨子，受到人們青睞。俞樾為孫詒讓《墨子閒詁》作序，驚嘆找到了「安內攘外」的法寶。梁啟超《子墨子學說》亦宣稱欲救中國，「厥唯墨學」！胡適也由

/ 附錄

於尚功、重實用的墨家學說,深有契於杜威「實用主義」,與梁啟超爭倡墨學的復興。在打倒了「孔家店」之後,彷彿又要造一個「墨家店」。一時間墨學研究再度出現熱潮,校理墨子、闡揚墨學,又成了新的時髦。方授楚《墨學源流序》記述當時情形說:「其時胡適之《中國哲學史》及梁啟超《墨子學案》、《墨經校釋》諸書,先後刊布,一時風會所趨,討論墨學,箋釋墨書之作,時見於出版界。倘勤而集之,則其所有,不難充棟梁,汗牛馬也。」於此可見一斑。

其中成就最突出者,有蘇時學(《墨子刊誤》)、俞樾(《墨子平議》)、孫詒讓(《墨子閒詁》)、王闓運(《墨子注》)、曹耀湘(《墨子箋》)、張純一(《墨子集解》),他們對《墨子》全書進行了卓有成效的校釋和整理。其他如梁啟超(《子墨子學說》、《墨子學案》)、胡適(《中國哲學史大綱》上冊「墨子編」)、方授楚(《墨學源流》),則對墨學進行了全面的通論和介紹。又有梁啟超(《墨經校釋》)、鄧高鏡(《墨經新釋》)、譚戒甫(《墨辯發微》)、伍非百(《墨辯解故》)等人,對《墨子》的〈經上〉、〈經下〉、〈經說上〉、〈經說下〉以及〈大取〉、〈小取〉作了校釋。數家之中,又以孫詒讓《墨子閒詁》蒐羅的墨學資料最為豐富;胡適之著作在啟發人們新思維上,功勞良多;梁啟超三書通俗易懂,使陌生的墨學走入平常百姓家,具有廣泛的普及作用;方授楚的著作綜論古今,折中方寸,實為古今墨學成果的博覽。

1950年代後，對墨學的研究也經歷了曲折的發展過程。大致說來，主要成就在於對《墨經》邏輯學、科學方面作了卓有成效的研究，富有特色，也最有價值。秦彥士《墨學新論》有「墨學研究小史」章介紹，書後附有「墨子研究論著索引」，可供參考。

國家圖書館出版品預行編目資料

反主流聖人，墨子的真實面貌：不靠戰爭的生存哲學，兼愛、非攻與不一樣的未來 / 舒大剛著. -- 第一版. -- 臺北市：崧燁文化事業有限公司, 2025.09
面；　公分
POD 版
ISBN 978-626-416-743-7(平裝)
1.CST: 墨子 2.CST: 研究考訂
121.417　　　　　　　114011893

反主流聖人，墨子的真實面貌：不靠戰爭的生存哲學，兼愛、非攻與不一樣的未來

作　　者：舒大剛
發 行 人：黃振庭
出 版 者：崧燁文化事業有限公司
發 行 者：崧燁文化事業有限公司
E - m a i l：sonbookservice@gmail.com
粉 絲 頁：https://www.facebook.com/sonbookss/
網　　址：https://sonbook.net/
地　　址：台北市中正區重慶南路一段 61 號 8 樓
8F., No.61, Sec. 1, Chongqing S. Rd., Zhongzheng Dist., Taipei City 100, Taiwan
電　　話：(02) 2370-3310　　傳　　真：(02) 2388-1990
印　　刷：京峯數位服務有限公司
律師顧問：廣華律師事務所 張珮琦律師

-版權聲明-

本書版權為濟南社所有授權崧燁文化事業有限公司獨家發行繁體字版電子書及紙本書。若有其他相關權利及授權需求請與本公司聯繫。

未經書面許可，不得複製、發行。

定　　價：350 元
發行日期：2025 年 09 月第一版
◎本書以 POD 印製